ESTO
NO
ES TU
CULPA

Alex Howard

ESTO NO ES TU CULPA

Cómo callar el eco de las heridas de tu infancia en la vida adulta

DIANA

Título original: *It's Not Your Fault*

Copyright © 2023 Alex Howard
Publicado originalmente en 2023 por Hay House UK, Ltd

Diseño de portada: Planeta Arte & Diseño / Wendy González
Fotografía del autor: © Jeremiah Fernandes
Traducción: Matilde Schoenfeld
Formación: Alejandra Romero

Bajo el sello editorial DIANA M.R.
Avenida Presidente Masarik núm. 111,
Piso 2, Polanco V Sección, Miguel Hidalgo
C.P. 11560, Ciudad de México
www.planetadelibros.com.mx

Primera edición en formato epub: marzo de 2025
ISBN: 978-607-39-2598-3

Primera edición impresa en México: marzo de 2025
ISBN: 978-607-39-2479-5

Impreso en los talleres de Corporación en Servicios
Integrales de Asesoría Profesional, S.A. de C.V.,
Calle E # 6, Parque Industrial
Puebla 2000, C.P. 72225, Puebla, Pue.
Impreso y hecho en México / *Printed in Mexico*

A mis dos maestros más importantes:

Sandra Maitri y Prakash Mackay.

Me temo que no siempre fui un estudiante modelo, pero espero que este libro demuestre que su amor y su paciencia no fueron en vano, ¡y que sí asimilé algunas ideas!

Índice

PARTE I
DECODIFICA TU TRAUMA

PARTE II

LA SOLUCIÓN **RESET** PARA SANAR EL TRAUMA

PARTE III

EL **ABCD** DE LA SANACIÓN DEL TRAUMA EN EL MUNDO REAL

Nota del autor

Al escribir un libro sobre el trauma, soy muy consciente de estar sobre los hombros de gigantes, y este es el pensamiento que predomina en mi mente porque tengo el privilegio de entrevistar a muchos pioneros de la investigación sobre el trauma para el evento anual de la Trauma Super Conference.

Mis conversaciones con expertos como el doctor Peter Levine (Somatic Experiencing® [Experiencia somática]), el profesor Stephen Porges (Teoría polivagal), el doctor Gabor Maté (Compassionate Inquiry® [Indagación compasiva]), Thomas Hübl (Trauma colectivo) y la doctora Arielle Schwartz (Desensibilización y reprocesamiento por medio del movimiento ocular, o EMDR, por sus siglas en inglés, y yoga terapéutico), por nombrar solo algunos, me han impactado de forma significativa.

Mientras planificaba el contenido de este libro, me vi obligado a tomar algunas decisiones delicadas. Era tentador crear un conjunto de los «grandes éxitos» del extraordinario corpus de obras en este campo, pero decidí no hacerlo por varias razones. En primer lugar, hay algunos libros y blogs excelentes que ya hacen bien este trabajo; y en segundo lugar, quería crear una hoja de ruta práctica y eficaz para el cambio basada en mi experiencia personal y en veinte años de práctica clínica.

Dado que mi curso en línea titulado RESET Program®, cuya base es la psicología, tiene una duración de treinta horas, y que mi equipo y yo hemos grabado más de 250 horas de entrevistas para nuestra serie de la Trauma Super Conference, mi desafío al escribir este libro era evitar que se volviera demasiado complejo o apuntara hacia varias direcciones a la vez. Por lo tanto, te pido que asumas que la omisión de las ideas y teorías de otros se hace con pleno conocimiento y respeto por su trabajo, y también con el espíritu de ofrecer una guía con herramientas útiles para que generes cambios en tu vida y repares los impactos de tu trauma.

PARTE I

DECODIFICA TU TRAUMA

CAPÍTULO 1

Las heridas que nos forman

Era una mañana fría y gélida en el sur de Gales y el último día de un retiro de una semana en el que yo participaba, algo que hacía varias veces al año para comprenderme con mayor profundidad. Al ser un terapeuta exitoso, tendría que haber estado en mi zona de confort, pasándola de maravilla, pero, a decir verdad, estaba sumergido en mi propio infierno personal.

Como no podía dormir y necesitaba mover el cuerpo, decidí dar un paseo para intentar despejar mi mente. El silencio del centro de retiro era demasiado evidente mientras salía por la puerta trasera, la cual seguía una de las rutas que llevaba hacia el bosque, detrás del edificio. Mientras aceleraba el paso para mantener mi temperatura corporal alta, mi mente recordó las enseñanzas del día anterior.

El tema del retiro era abrirnos a nuestras emociones sin procesar para aprender a sentirlas y sanarlas. La idea sonaba simple, pero para mí era un camino peor que la muerte. De hecho, varios años antes, había asistido a este mismo retiro y, a medio camino, lo abandoné en plena clase y me fui manejando a casa, mientras me decía a mí mismo que aquello no era para mí.

En ese momento, mis emociones estaban lejos de ser un lugar seguro; de hecho, estaba empezando a darme cuenta de que inconscientemente había diseñado mi vida de tal manera que evitara sentirlas. El problema era que cada vez era más difícil hacerlo.

Mi viaje de sanación del trauma

En los 18 meses previos al retiro, tuve ataques de pánico debilitantes que casi habían consumido mi vida. Durante el día, la pasaba mal con el desafío de la ansiedad y el miedo, pero eso no era nada comparado con la noche, cuando tenía que enfrentar el terror sin distracciones; incluso, tuve una relación nociva tras otra únicamente para no dormir solo. Siempre me había sentido orgulloso de mi independencia, por lo que esta situación profundizó mi sensación de desesperanza.

El momento de mi desmoronamiento no pudo haber sido más desastroso. A mis 26 años ya había logrado muchos de mis sueños: después de librar una batalla de siete años contra la encefalomielitis miálgica, también conocida como síndrome de fatiga crónica (EM/SFC). Cuando era adolescente, me recuperé por completo y tiempo después establecí el tipo de clínica que deseaba cuando estuve enfermo: una especializada en afecciones relacionadas con la fatiga.

Ubicada en la prestigiosa Harley Street de Londres, la Optimum Health Clinic (OHC [Clínica de Salud Óptima]) había adquirido una excelente reputación por su innovación y excelencia. Yo también era muy solicitado como orador y me habían ofrecido mi propia serie de televisión de la BBC que, de forma irónica, se llamaba *Panic Room* (Habitación del Pánico). En la superficie llevaba una vida glamorosa, conducía un auto deportivo y vivía en un *penthouse* londinense. Y, dado que me habían maltratado sin piedad durante mis años escolares, también me enorgullecía salir con el tipo de mujeres con las que antes solo podía soñar.

Sin embargo, cuando me inscribí al retiro por segunda vez, ya había abandonado la serie de televisión, había dejado mi departamento, había vendido mi auto y vivía una existencia de ermitaño, solo procurando sobrevivir. Si había alguna posibilidad de que este retiro me ayudara, tenía que permanecer en él. Podía seguir viviendo en un estado de miedo y ansiedad constantes o al fin enfrentar mis emociones. Ambas opciones parecían imposibles, pero sabía que tenía que hacer *algo*.

Desconexión emocional

Cuando llegué al otro lado del bosque, desaceleré un poco el paso, contemplando a la distancia la niebla que rodeaba las montañas. Mientras caminaba, me encontré reflexionando sobre mi infancia y en cómo algunos de los acontecimientos ocurridos en aquel entonces habían formado mi vida actual. Me di cuenta de que, en última instancia, mi incapacidad para sentir mis emociones debía de haber sido una respuesta natural a los traumas que experimenté durante mis primeros años.

La palabra *trauma* no tenía mucha importancia para mí en ese momento. Yo pensaba que el trauma se asociaba a lesiones físicas sufridas en un accidente grave o, digamos, a la experiencia de vivir en una zona de guerra. La idea de que la infancia que había normalizado hubiera sido «traumática» me parecía extraña. Sabía que muchas personas habían sufrido situaciones más difíciles que yo y, sin embargo, reconocía que la desconexión de mi capacidad emocional tenía que haberse originado en alguna parte.

Desde pequeña, mi hermana sufría problemas de salud mental importantes. Los diagnósticos en ese momento eran anorexia severa y trastorno bipolar, pero esas etiquetas no hacían justicia a la experiencia que vivía ella y quienes la rodeábamos. Pasó periodos en instituciones de salud mental y en hogares temporales, y si de por sí su propio dolor era intenso, los efectos de su enfermedad en la familia y en otras personas también fueron devastadores.

Tengo innumerables recuerdos infantiles de mi hermana siendo violenta con miembros de la familia y destrozando la casa. En múltiples ocasiones me senté con ella en el asiento trasero de las patrullas, tratando de calmarla mientras la llevaban una vez más a un internamiento residencial forzoso.

Al crecer con alguien cuyos sentimientos eran tan explosivos y destructivos, aprendí una clara lección: las emociones son peligrosas y cuanto más las expresamos, más nos lastimamos a nosotros mismos y a quienes nos rodean. El problema era que ahora, en el retiro, me pedían apertura para sentir mis emociones, pero no era tan simple acceder a ellas. Y mientras más me acercaba a mis sentimientos, más intensos se volvían el pánico y el terror. Nunca en mi vida me había sentido más estancado.

Dando el salto

Ese día, más tarde, tuve una sesión privada con uno de los profesores del retiro. Esta estaba diseñada para ayudarnos a integrar la teoría de la enseñanza en nuestra experiencia cotidiana, pero hasta ahora, en general, las consideraba un simple requisito y no como un lugar en el cual ser verdaderamente vulnerable.

Mi profesor, Prakash, era un ciudadano fornido de Glasgow, de unos cincuenta y tantos años, cuya voz se parecía un poco a la de Sean Connery. Cuando no estaba participando en retiros, vivía en Hawái, y yo había estado teniendo sesiones por videollamada con él a lo largo del último año. Durante ese tiempo, hablamos mucho sobre mi creciente situación de «estancamiento» emocional, pero hasta ahora no había logrado superarlo.

Sentado con Prakash, mientras le informaba cómo había llevado la semana, él me escuchaba con paciencia y empatía. Cuando terminé, me observó con una mirada severa pero compasiva y dijo:

—Alex, creo que ya se acabó el tiempo para hablar.

Entonces me invitó a acostarme sobre un tapete y a cerrar los ojos. Hice lo que me dijo, a pesar de que gran parte de mí quería, una vez más, tomar sus maletas y huir de ahí. Pero temía que al hacerlo pasaría el resto de mi vida corriendo, y esa no era una vida que valiera la pena vivir.

Prakash me pidió que me concentrara en mi respiración y que prestara atención a las sensaciones de mi cuerpo; al hacerlo, me estaba animando a profundizar mi enfoque en mi experiencia interior y a dejar de intentar controlarla. Al principio, no sentí nada más que el familiar estancamiento y la desesperanza. Pero luego, conforme apreciaba esos sentimientos, para mi sorpresa, noté que había algo más allí, y a mi mente llegó una palabra para describirlo: *odio*.

La sensación estaba principalmente en mi pecho, pero iba creciendo. La sentía fría y tóxica, y era casi como si una fuerza demoniaca estuviera surgiendo dentro de mí. Se me ocurrió que podría estar a punto de obtener más de lo que había esperado. Prakash me sugirió que me quedara con el sentimiento y descubrí que este era un momento crucial. Si de verdad había decidido que mi vida no podía continuar de la misma manera, tenía que escarbar hondo y aumentar mi valentía. Permití que el sentimiento de odio se extendiera por completo en mi cuerpo y, al hacerlo, comencé a recibir imágenes de mi padre. Digo imágenes, pero en realidad eran ideas muy vagas de él: crecí sin mi padre y solo lo había visto en dos fotografías.

Mientras hacía lo mejor que podía para darle cabida, el sentimiento comenzó a crecer. Sabía que habría un punto de inflexión, cuando el control ya no estaría en mis manos, y me entregué al sentimiento y a la guía de Prakash. Como alguien acostumbrado a mantener el control, esto no era sencillo para mí. Llegó el punto de inflexión y, antes de darme cuenta, había dado un salto.

De repente, de la nada, el sentimiento de odio se volvió abrumador. Era como un veneno que infectaba cada célula de mi cuerpo. Comencé a gritar, haciendo los sonidos más perturbadores que jamás había escuchado. Y entre esos alaridos, una sola frase salió de mi boca, una y otra vez, como si fueran las únicas palabras que conocía:

—Lo odio. Lo odio. Lo odio demasiado.

Para entonces, todo mi cuerpo temblaba con intensidad, por lo que llegué a pensar que vomitaría. Por un instante, me pregunté qué diablos estaba pasando. ¿De dónde había salido toda esa intensidad? Por fortuna, mis años practicando meditación me habían enseñado a permanecer presente en circunstancias difíciles y sabía que, si había un momento para mantener mi atención estable, era ese.

Nuestro dolor es la puerta de entrada a nuestra sanación

Antes de mis 20 años, apenas había pensado en si el hecho de que mi padre dejara a la familia poco después de mi nacimiento pudo haberme impactado de alguna manera. No fue hasta que tomé un taller de fin de semana para explorar la dinámica familiar a la que me enfrenté con la verdad innegable: la partida de mi padre había sido un acontecimiento definitorio en mi vida.

No era consciente de las circunstancias que separaron a mis padres, pero sabía que mi concepción había sido un intento fallido por salvar su matrimonio; de hecho, discutieron incluso hasta sobre cómo llamarme. Al final, mi madre se divorció de mi padre por motivos de abuso psicológico. Él dejó de visitarnos unos meses después de oficializar el divorcio y no tuvimos contacto alguno con él desde de que yo tenía unos seis meses de nacido.

Mi padre no solo nos abandonó de forma física, sino también económicamente, por lo que no pagó ni un centavo de manutención infantil. Como resultado, mi madre llegó a tener tres trabajos para mantenernos a mi hermana y a mí. A una edad temprana, me convertí en el hombre de la casa; tenía que ser fuerte. Cuando mi hermana perdía una de sus continuas batallas con su salud mental, yo solía ser quien intentaba mejorar la situación. Y, a pesar de ser uno de los niños más acosados de mi escuela, todavía intentaba proteger a otros compañeros de los acosadores interponiéndome entre ellos. No soportaba ver sufrir a otras personas, sintiendo el mismo dolor que yo sentía, muy en el fondo.

Además del estrés físico y emocional de los acontecimientos de mi infancia, aprendí algo profundamente formativo: el dolor que estaba sintiendo era por culpa mía. De niños somos egocéntricos: creemos que el mundo gira a nuestro alrededor y, más aún, que es *causado* por nosotros. Por lo tanto, el trauma que nos ocurre (ya sea que un padre nos abandone u otro motivo de inestabilidad emocional), en algún nivel, debe ser culpa nuestra, ¿verdad?

Tendido en el suelo de ese centro de retiro, con Prakash arrodillado sobre mí y mi cuerpo tratando de purgarse del veneno que me consumía, por primera vez entendí la diferencia entre ira y odio. La ira tiene una cualidad fogosa y ardiente, mientras que el odio es frío. No solo quería que mi padre estuviera muerto, sino que quería matarlo yo mismo, con lentitud y crueldad. Quería herirlo en todas las formas en las que él nos había lastimado.

Había muchas probabilidades de que mi padre todavía viviera. Entonces, ¿por qué nunca se había acercado? Por lo menos podría haber comprobado si estábamos bien. No hubo nada, ni una sola llamada telefónica ni una carta. Me *dolía*. Me dolía mucho.

Después de lo que me pareció una eternidad, pero que no fueron más de 15 minutos, el odio en mí comenzó a disiparse un poco.

Prakash me preguntó con amabilidad qué estaba sintiendo en ese momento. Al principio dudé. Desesperado, deseaba que no fuera verdad, pero sabía que mi odio era en realidad una defensa contra algo aún más doloroso: quería a mi padre. Lo necesitaba. Más que nada en el mundo, deseaba con desesperación que mi padre me amara.

Al odiar a mi padre, tenía una ilusión de poder, pero al *sentir* mi necesidad de él, era como si no me quedaran defensas. Mientras Prakash me animaba con docilidad a seguir permitiendo que fluyeran mis sentimientos, las sensaciones eran tan intensas que me parecía que mi corazón se estaba rompiendo.

Conforme mi odio se convertía en tristeza, mis gritos se disolvieron en sollozos desesperados. Mientras las lágrimas corrían por mis mejillas, me convertí en el niño cuyo padre lo había abandonado. Aquel niño inocente que creía, en cierto grado, que era su culpa. El niño que necesitaba el amor de su padre así como necesitaba comida y oxígeno. Era un dolor que nada en el mundo podía curar. El amor de un padre me parecía un derecho humano básico, y yo no podía tenerlo.

La belleza de la rendición

Sentía que estaba en un lugar del que nunca podría regresar, y con una herida tan absoluta y definitiva en mi corazón. Pero entonces sucedió algo inesperado. En lo más profundo de mi corazón roto, un nuevo sentimiento comenzó a surgir: el amor. El insondable dolor comenzó a transformarse en el sentimiento de amor más profundo y expansivo que jamás había experimentado.

En ese momento estaba más allá de la lógica y la racionalidad, así que ni siquiera intenté encontrarle sentido. Solo seguía a Prakash mientras él, con sus palabras y su amorosa presencia, me guiaba para profundizar más en lo que sucedía. A medida que este nuevo sentimiento seguía creciendo, mi resistencia se agotaba. Era como si mi corazón fuera el centro de un vórtice de amor puro e incondicional. No era amor por alguien o algo; era solo amor. Como si el amor fuera el tejido de todo y de todos. Todavía sentía el pesar en el corazón, pero no de una manera que me doliera; más bien con absoluta exquisitez, vibrando en cada célula de mi ser.

A medida que Prakash me animaba a respirar en el sentimiento más y más, mi mente consciente desapareció casi por completo. No era siquiera que el amor me consumiera. Yo *era* el amor. Yo *era* la dicha. Aquello era todo lo que pasamos la vida entera buscando, en ese preciso lugar y en ese mismo instante, mientras yacía en el suelo de un centro de retiro.

Lo que descubrí en la médula de mi dolor y trauma más profundos fue justo lo contrario de lo que temía. No debía temer ni escapar de mis emociones; al aprender a confiar y abrirme a ellas, desaté su sabiduría innata para la curación.

El cambio real lleva tiempo

Ahora bien, si la vida fuera como una película de Hollywood, desde ese momento de descubrimiento interior habría vivido feliz para siempre. Pero en realidad, fue mucho más complicado. Después de abrir mi corazón, pasé gran parte de los siguientes seis meses sintiéndome al límite de la furia. Desde participar en sesiones intensas de levantamiento de pesas hasta gritar sobre numerosas e inocentes almohadas. Fue un proceso continuo para mover la energía almacenada en mi cuerpo.

Luego, cuando parecía que la ira y el odio se habían disipado, pasé otros seis meses de tristeza y desesperanza. Estallaba en llanto sobre mi escritorio del trabajo, a media clase de yoga y en muchos otros lugares inconvenientes y vergonzosos.

Conforme mi viaje de curación del trauma se desvelaba, mi vida también se transformaba. Cuando mi sistema nervioso regresó a su equilibrio, casi de inmediato, mis ataques de pánico cesaron. Con el tiempo, mi relación conmigo mismo y mis emociones cambiaron. Y unos años más tarde, después de un largo periodo de citas frustrantes y de la incapacidad de permanecer con alguien más de unos cuantos meses, conocí a Tania, la mujer que se convertiría en mi esposa, y pude tener un tipo de relación muy diferente: una construida con profundidad emocional y conexión.

Con el tiempo, mi vida laboral también se alimentó fuertemente de mis experiencias internas; estas fueron un factor clave en el modelo de Therapeutic Coaching® (Coaching Terapéutico) que creé y que sigue siendo el núcleo de todo lo que hago hoy. Therapeutic Coaching® se enfoca en sanar los impactos de nuestros traumas pasados, creando el futuro que queremos, y, en última instancia, aprendiendo a vivir en el ahora.

Nuestro trabajo juntos

Dado que estás leyendo este libro, es muy probable que hayas vivido algún tipo de trauma emocional. Quizá tengas claros los traumas que han formado tu ser y tu vida, o quizá todavía no. Puede ser que tus traumas sean mucho más severos que los míos, o puede ser lo contrario y que pienses «no tengo de qué quejarme».

Sin embargo, como veremos pronto, *todas* nuestras vivencias importan, y parte de nuestro trabajo conjunto en este libro será decodificar tus experiencias infantiles y comprender cómo su impacto ha tenido un eco en tu vida. En los siguientes capítulos, mi objetivo no es solo ayudarte a comprender cómo tu pasado te ha determinado y enseñarte cómo sanarlo, sino también mostrarte qué es aquello que probablemente te impida lograrlo.

De hecho, a menudo el desafío no es saber qué nos causó dolor, sino qué nos impide sanarlo. Como exploraremos, un resultado directo del trauma es que nuestro cuerpo y sistema nervioso entran exactamente en el estado opuesto al que necesitan para sanar. Además, este es a menudo un territorio complicado, con muchos matices; por ejemplo, hay una gran diferencia entre sentir tus emociones y arrojárselas a otras personas. En última instancia, nuestro objetivo es crear más amor y conexión en tu vida, no menos.

Y sanar tu trauma no se trata solo de un gran descubrimiento, como el que describí. Aunque estos avances pueden ocurrir a lo largo del camino, lo que es mucho más importante es tu conexión emocional diaria, cómo te relacionas contigo mismo y el lugar desde el cual te encuentras con el mundo que te rodea. Si tu relación contigo mismo es difícil, descubrirás que todas las demás relaciones de tu vida también se ven afectadas.

Gran parte de las situaciones con las que lidiamos en la vida provienen de un profundo sentido de vergüenza y juicio internos. En el núcleo de nuestra sanación reside un cambio determinante en nuestra relación con nosotros mismos. Debemos darnos cuenta de que todo lo que nos pasó o no nos pasó en la infancia no fue culpa nuestra. No tuve la culpa cuando mi padre se fue, o cuando sentí que mi familia se desintegraba. Los acontecimientos que te formaron *no son culpa tuya.* La idea de que somos responsables de estos acontecimientos no solo es incorrecta en lo fundamental, sino que es extremadamente corrosiva y dañina.

Un paso importante hacia la sanación es reconocer lo que sentimos hacia nuestros padres. Tal vez podemos reconocer que se preocuparon por nosotros y nos amaron, pero eso no es lo mismo que tener las habilidades y capacidades para satisfacer en verdad nuestras necesidades de desarrollo.

En este libro vamos a contextualizar y a darle sentido a cómo te ha afectado tu trauma infantil, pero nuestro viaje juntos no terminará ahí. Si bien somos por completo incapaces de cambiar los acontecimientos de nuestros años de formación, curarnos de esos acontecimientos es, por supuesto, nuestra responsabilidad. Si queremos que cambien las circunstancias de nuestra vida adulta, somos responsables de hacerlo. La verdadera libertad en la vida proviene de comprender lo que nos ha formado, pero también de hacer el trabajo para liberarnos.

Al haber trabajado con miles de pacientes a lo largo de los años, además de liderar uno de los equipos clínicos más grandes del mundo, el cual se especializa en enfermedades crónicas complejas, hay una verdad fundamental para mí: la sanación, en todos los niveles, es posible. Puede llevar tiempo, puede ser un trabajo muy duro, pero tus esfuerzos te brindarán regalos que ni siquiera imaginas.

Cómo leer este libro

Esto no es tu culpa está organizado en tres partes:

- En la **parte I**, decodificaremos tu trauma y buscaremos las formas en que tiene eco en tu vida.
- En la **parte II**, aprenderás el modelo RESET para crear cambios en tu sistema nervioso.
- En la **parte III**, profundizaremos en el ABCD de la sanación del trauma en el mundo real de nuestras relaciones con los demás y en el compromiso con un cambio duradero.

Me complace ofrecer un curso en línea (en inglés) complementario y gratuito para ayudarte a profundizar en la sanación de tu trauma. En él encontrarás entrevistas con muchos de los expertos en trauma que han inspirado mis ideas, videos de sesiones de terapia sobre algunos de los estudios de caso que comparto y herramientas prácticas para ayudar a darle vida al libro. Puedes acceder al curso complementario en <www.alexhoward.com/trauma>.

También me gustaría decir algunas palabras sobre el tono que utilizo en el libro. Espero que sientas que te apoyo y te sostengo en mi elección del lenguaje. A veces, también espero desafiarte o impulsarte a ver aspectos a los que quizá te resistas. Como les digo a mis pacientes, nuestro trabajo conjunto siempre debe sentirse seguro, pero puede que no siempre sea cómodo. Si este es tu caso, recuerda que te desafío solo con la mejor de las intenciones.

Por último, me gustaría agradecerte por confiar en mí para ser tu guía. No tomo a la ligera que inviertas tu esperanza y tu corazón, pues de igual manera, en mi deseo de brindarte lo necesario para tu viaje, puse mi corazón en este libro, aplicando sus herramientas en mi propia vida.

Al escribir *Esto no es tu culpa*, me quedó muy claro que si quiero invitarte a tener un diálogo honesto contigo mismo sobre tu trauma, la vía más poderosa es compartiendo algunos de los regalos que he recibido al atravesar el mismo proceso. Por supuesto, como todos nosotros, ¡soy un trabajo en progreso! Entonces, comencemos: exploremos qué es en realidad el trauma y cómo tiene eco en nuestra vida.

CAPÍTULO 2

El trauma como ECOS

Una hermosa tarde de inicios de verano daba un paseo muy necesario por Hampshire Downs, en el sudeste de Inglaterra. Unos meses antes había comenzado la pandemia de COVID-19 y, al vernos confinados en nuestra casa de Londres con tres hijas activas, mi esposa y yo decidimos escaparnos al campo. Alquilamos una casa en Airbnb y al día siguiente llegamos en una camioneta repleta de nuestras pertenencias.

En nuestra nueva ubicación, la vida era un extraño subibaja, nuestro maravilloso tiempo familiar contrastaba con los difíciles desafíos de educar en casa a dos niñas con necesidades de aprendizaje neurodivergentes y entretener a una niña pequeña desesperada por jugar con otros niños.

Mi vida laboral fue una emocionante pero intensa combinación entre ver pacientes en línea, enseñar la formación profesional de Therapeutic Coaching®, supervisar mis diversos negocios, escribir un libro sobre mi trabajo con enfermedades relacionadas con la fatiga e incluso estaba produciendo una conferencia en línea sobre trauma.

Ya había organizado un evento en línea sobre la fatiga para más de 40 000 participantes, y dado que el trauma es una parte clave de mi trabajo clínico, así como un área que conecta la curación cuerpo-mente con la medicina funcional, me pareció que la conferencia era el siguiente paso obvio. Y así nació la Trauma Super Conference.

Durante su preparación, dediqué unos meses a grabar entrevistas con muchos de los principales expertos en trauma del mundo, incluidos el doctor Gabor Maté, el doctor Peter Levine y el profesor Stephen Porges. El proceso fue fascinante, ya que siempre disfruto la oportunidad de profundizar en el trabajo de otros y ampliar mis propios conocimientos.

Sin embargo, en las últimas semanas también había estado atravesando una creciente sensación de conmoción, y esa tarde, mientras subía las colinas y el sol se ponía en el cielo, comencé a dimensionar la enormidad de lo que estaba sucediendo en todo el mundo.

Una ola en su punto más alto

La Trauma Super Conference inaugural atrajo a más de 185 000 asistentes. De hecho, tanta gente intentó acceder a ella el primer día que nuestro sitio web estuvo fuera de servicio durante diez horas. Mientras continuaba mi paseo, comencé a preguntarme por qué había sido una de las conferencias en línea más grandes en la historia de internet.

Podría explicarse, en parte, por el enorme sufrimiento que causó el confinamiento por el COVID-19 y por el enorme número de personas afectadas o que habían perdido a sus seres queridos a causa del virus, así como por el trauma colectivo de vivir una pandemia; otro factor fue el debate sobre el trauma y la desigualdad racial catalizado por el asesinato de George Floyd.

Para mí, también se sentía como si una ola que había estado creciendo durante muchos años al fin hubiera tocado tierra y en la cual, en mi posición al frente de la Trauma Super Conference, yo estaba en su centro. Después del evento, hubo miles de comentarios en Facebook y nuestro correo electrónico falló varias veces, pues clasificó como un ataque de *spam* a los numerosos mensajes legítimos que recibíamos.

Esa tarde, solo leí algunos correos y cada uno contenía una historia que me conmovió profundamente. Estaba Rachel, de Texas, que el año anterior había perdido a su hija en un accidente automovilístico causado por un conductor ebrio, y había estado luchando contra un dolor inimaginable que se manifestaba como ansiedad y depresión intensas. Estaba Tony en Melbourne, que había sufrido abuso sexual cuando era niño y no hacía mucho que había aceptado que ese hecho le impedía, treinta años después, intimar con su esposa. Luego estaba Kiara en Mumbai, que se había quedado huérfana al nacer y trataba de comprender por qué sentía la necesidad constante de automedicarse para no sentir su dolor emocional.

A la primera Trauma Super Conference asistieron personas de 169 países y reveló una verdad abrumadora: el trauma afecta a personas de todo el mundo, sin importar su sexo, edad, privilegios o antecedentes. Y, como pronto verás, el trauma se presenta en numerosas formas y puede afectarnos de muchas y diversas maneras.

¿Qué es el trauma?

En los términos más simples, un trauma es una lesión que no ha sanado. En este libro hablaremos principalmente sobre el trauma emocional de la primera infancia, aunque los impactos de este trauma se pueden sentir en cualquier momento de la vida. Además exploraremos que lo que aprendimos en la infancia es un factor clave para determinar cómo respondemos a los golpes de la vida cuando somos adultos.

Cuando las heridas emocionales de nuestra vida no sanan, los sentimientos y las emociones que se desencadenan deben ir a alguna parte.

Una forma de entenderlo es imaginando que todos caminamos con un gran costal negro lleno de experiencias de vida no procesadas ni digeridas. A veces el saco tiene un sello hermético, mientras que otras veces su parte superior se desprende con una frecuencia predecible.

Veamos un ejemplo clásico de esto último. Conducimos por una carretera en un estado de ánimo aparentemente neutral y relajado, perdidos en nuestros pensamientos y medio escuchando un pódcast, cuando otro conductor nos corta el paso, obligándonos a frenar con brusquedad para no golpearlo. En ese momento, explotamos en ira, pero debemos abstenernos de alcanzar al conductor para instigar una pelea a muerte.

¿Qué fue lo que sucedió? ¿Cómo pasamos de ser un gatito relajado a un Conor McGregor en todo su esplendor en el transcurso de unos cuantos segundos? Bueno, es probable que una herida emocional no procesada en nuestro interior haya sido tocada con un poco de sal. Quizá, durante nuestra infancia, tuvimos la experiencia traumática de no ser vistos o de que siempre nos dijeran que no merecíamos ocupar nuestro lugar. Sea como fuere, se abrió el proverbial sello de ese negro costal de emociones, y el trauma no procesado explotó.

Ahora podrías estar pensando: *Sí, Alex, eso está muy bien, pero ese lunático se me cerró.* A lo que yo respondería: es cierto que conducía mal, pero quizá tenía una buena razón para hacerlo, como apurarse para ayudar a un ser querido en peligro. No obstante, el punto aquí no es *su* comportamiento, sino por qué algo acaba de explotar en *ti*.

Entonces, el trauma es una emoción no procesada en nuestro cuerpo provocada por una experiencia emocional que tampoco se procesó… y también es un poco más complejo que eso. Para algunas personas, esta lesión no sanada ni procesada es obvia; por ejemplo, una vez vivieron el evento traumático de pelear en defensa propia al ser atacados físicamente, y ahora, cada vez que están solos, su sistema nervioso entra en pánico. Para otros podría ser un suceso más sutil, como que se rieran de ellos en el salón de clases por decir algo incorrecto, lo que resultó en miedo a hablar en público.

La importancia de la resiliencia emocional

Por sí solo, el evento emocional no es suficiente para determinar si tenemos una experiencia traumática. De hecho, usando el ejemplo anterior, a algunas personas les emociona pelear y dedican su vida a dominar las artes marciales mixtas o el boxeo; y hay quienes han encontrado un gran placer en hacer reír a los demás.

Entonces, aunque el trauma requiere un *suceso* desencadenante, este por sí solo no es suficiente para determinar si hay trauma. El *contexto* dentro del cual se desarrolla el suceso también es crucial. Las respuestas al evento tanto de quienes nos rodean como de nosotros mismos tienen un gran impacto.

Tenemos tres necesidades emocionales básicas: límites, seguridad y amor. Si nuestros cuidadores satisfacen estas necesidades emocionales durante nuestro desarrollo temprano y, con el tiempo, nos enseñan cómo satisfacerlas nosotros mismos, nos ayudarán a desarrollar un tipo de resiliencia que reducirá significativamente nuestra probabilidad de quedar traumatizados a medida que avanzamos por la vida.

Por ejemplo, si nos enseñan a tener límites saludables (y se nos permiten), desarrollamos un «sistema inmunológico emocional» que nos protege del mundo que nos rodea. Si nos enseñan cómo regular nuestro sistema nervioso para sentirnos seguros, seremos capaces de procesar las conmociones que nos ocurren en la vida. Y un profundo sentido de amor y de sentirse amado actúa como un antídoto curativo contra los acontecimientos que podrían afectarnos.

Por el contrario, si nuestros cuidadores no satisfacen nuestras tres necesidades emocionales esenciales y, por lo tanto, no obtenemos la resiliencia emocional que brindan, cuando experimentamos eventos traumáticos en potencia, con el tiempo, sufrimos un *cambio* en los *equilibrios homeostáticos* de nuestro cuerpo. El impacto de estos cambios homeostáticos en nuestro bienestar físico y emocional es enorme. Al vivir anticipando futuros eventos traumáticos que tal vez nunca ocurran, creamos nuestro propio círculo vicioso de sufrimiento.

Por sí solos, estos *resultados* de nuestro trauma pueden perpetuar aún más el ciclo de sufrimiento. Tal vez aprendamos que para ser amados debemos ser los mejores en todo lo que hacemos, o tal vez nuestro sentido de autoestima o valía personal proviene de dar y estar presentes de forma constante para los demás, incluso en nuestro detrimento.

Como expliqué en el capítulo anterior al hablar de mi viaje, con frecuencia el verdadero sufrimiento del trauma no es el acontecimiento en sí, sino los cambios en nuestro sistema nervioso y los resultados en cómo respondemos y vivimos. Después de todo, mi larga racha de relaciones desastrosas no fue provocada por los acontecimientos reales de mi infancia, sino por las estrategias de afrontamiento que había creado para tratar de escapar de ellos.

ECOS: Las cuatro etapas del trauma

Como puedes ver, el trauma es mucho más que un simple suceso. El trauma es una serie de etapas que atravesamos. En mis propias reflexiones, un descubrimiento útil que hice es que existen cuatro etapas del trauma (que mencioné anteriormente):

1. El **E**vento
2. El **C**ontexto
3. El **C**ambio homeostático
4. Los resultad**OS** en nuestra vida

Para ayudar a entender el trauma en forma de ECOS, veamos brevemente estas etapas a través del lente de mi trauma.

1. El evento

Los eventos traumáticos pueden ser eventos únicos o repetitivos, experiencias rutinarias o momentos puntuales. Para algunas personas los traumas de su vida son obvios, mientras que para otras lo son mucho menos. Sin embargo, en última instancia, para que ocurra un trauma, debe haber un evento desencadenante que de alguna manera cree una sobrecarga en el sistema nervioso.

En mi caso, hubo dos eventos desencadenantes importantes. El primero fue el abandono de mi padre desde mi nacimiento y el segundo fue una serie de experiencias con graves problemas de salud mental de mi hermana. Estas fueron vivencias intensas y abrumadoras que le presentaron a mi cuerpo emocional el gran desafío de procesarlas (pronto hablaremos sobre el cuerpo emocional).

2. El contexto

Dos personas pueden vivir el mismo suceso, pero una queda traumatizada y la otra no. Esto es porque cada una responde al evento de manera completamente diferente de acuerdo con el contexto interno y externo en el que sucede. La manera como nosotros y las personas que nos rodean respondemos a un evento determina en última instancia si hay trauma o no.

La forma como respondemos a un evento está determinada por nuestra resiliencia emocional y nuestra capacidad de superar y procesar los impactos de la vida. Y nuestra resiliencia emocional depende de si nuestras tres necesidades emocionales fundamentales fueron satisfechas en nuestra edad temprana (hablaremos más sobre la resiliencia emocional en el capítulo 4).

Cuando somos niños, dependemos de quienes nos rodean para satisfacer estas necesidades emocionales; y como adultos podemos aprender a afrontarlas por nosotros mismos. Un factor clave para determinar cuán bien aprendemos a satisfacer nuestras necesidades es qué tan bien fueron (o no) satisfechas cuando éramos niños.

Profundizaremos en lo anterior más adelante; mientras tanto, presentamos una breve descripción de nuestras tres necesidades emocionales esenciales:

- LÍMITES: Nuestros límites respecto de los demás nos dan la capacidad de decir que no y protegernos. Nuestros límites con nosotros mismos definen nuestra capacidad de disciplinarnos y motivarnos a seguir adelante.
- SEGURIDAD: Tanto nuestra seguridad física y emocional como la capacidad de autorregular nuestro sistema nervioso determinarán si el trauma permanece en nuestro cuerpo.
- AMOR: Es el oxígeno que sostiene nuestro cuerpo emocional. Cuando tenemos una herida en nuestras emociones, el amor es el antídoto que nos ayuda a sanarla.

En mi caso, al irse mi padre los límites de mi madre resultaron severamente transgredidos por la naturaleza de su divorcio, por lo que no tuve ningún cuidador capaz de mantener los límites por mí. El trauma en el sistema nervioso de mi madre (resultado de todo lo que estaba sucediendo en su vida) significó que su capacidad para corregularme y calmarme se viera impedida. Y aunque sabía que mi madre sí, mi padre no me amaba lo suficiente como para permanecer cerca.

Sobre el trauma que ocasionaron los problemas de salud mental de mi hermana, su comportamiento tan excesivo rompió todo límite, creando una sensación constante de que no había lugares seguros. Los sistemas nerviosos de todos los que me rodeaban estaban al límite todo el tiempo y, repito, aunque lo había, el amor estaba contaminado por el caos que me rodeaba.

3. El cambio homeostático

El trauma provoca cambios en nuestro cuerpo. Cuando nuestro sistema nervioso se sobrecarga, la respuesta de nuestro cuerpo al estrés, que está diseñada para mantenernos seguros cuando estamos bajo una amenaza inmediata, se traba en el modo «encendido». Yo la llamo *respuesta desadaptativa al estrés*, por la cual pagamos un alto precio en nuestro bienestar físico y emocional.

Con el tiempo, una respuesta desadaptativa al estrés conduce a cambios en los diversos equilibrios homeostáticos de nuestro cuerpo (hablaremos de esto con detalle en el capítulo 5). Esto significa que el estado de ansiedad, que en algún momento de nuestra evolución fue necesario para sobrevivir, se convierte ahora en nuestra forma normalizada de ser.

En mi caso, el agobio causado por la partida de mi padre y la posterior cadena de acontecimientos, junto con los constantes arrebatos emocionales de mi hermana, condicionaron mi sistema nervioso a mantener una respuesta desadaptativa al estrés. La ansiedad paralizante que atravesé más adelante en mi vida, la cual describí con anterioridad, fue una consecuencia de esto. Sin embargo, la constante sobrecarga de estrés también era el intento de mi cuerpo por escapar de mis sentimientos, que me aterrorizaba experimentar.

4. Los resultados en nuestra vida

Vivir eventos traumáticos y experimentar los cambios homeostáticos en nuestro sistema nervioso, a causa de la insatisfacción de nuestras necesidades emocionales básicas de límites, seguridad y amor, tendrán consecuencias de manera inevitable. Nuestros intentos por encontrar formas de satisfacer las tres necesidades emocionales fundamentales influyen bastante en nuestra vida: no solo para sanar nuestro pasado, sino también para desbloquear nuestro futuro y vivir con mayor tranquilidad el presente.

Por ejemplo, si aprendimos que la única manera de satisfacer nuestra necesidad emocional de amor es teniendo logros constantes y siendo los mejores en todo lo que hacemos, ese se convertirá en nuestro *modus operandi*. O tal vez aprendimos que la mejor manera de sentirnos seguros es tratando de controlarnos a nosotros mismos y al mundo que nos rodea constantemente.

Mi experiencia fue que mi sentido de autoestima o valía personal y mi capacidad para satisfacer mis necesidades emocionales básicas de seguridad y amor estaban determinados no solo por lo que lograba, sino también por ser el salvador y guía de otras personas. Mi incesante disponibilidad para los demás era más importante que estar disponible para mí mismo, y mis sentimientos eran mi mayor temor.

Estamos hechos para sanar

Lo que creo tan importante de pensar nuestro trauma en forma de ECOS es que resalta con claridad que nuestro sufrimiento real no es el evento o los eventos que ya ocurrieron en el pasado, sino qué sucede en nuestro sistema nervioso como respuesta y sus resultados en nuestra vida a medida que lidiamos con ello. De hecho, aunque el origen de nuestro trauma se remonte a décadas anteriores, los ECOS reverberan en el ahora.

La buena noticia es que este es un inmenso mensaje de esperanza. Después de todo, no podemos cambiar lo que sucedió en el pasado, pero ciertamente podemos transformar cómo impacta en nuestras experiencias y elecciones de vida. Y en eso trabajaremos juntos a lo largo de este libro.

Ahora, aunque es vital que comprendas tu viaje personal con el trauma y cómo has respondido ante él, lo que en realidad importa es desbloquear tu capacidad para sanar. De hecho, en el corazón de este libro está la premisa de que nuestro cuerpo emocional tiene una capacidad natural para sanar; a decir verdad, está diseñado para ello.

Nuestro cuerpo emocional

Así como tenemos un cuerpo físico, también tenemos un cuerpo emocional, que es el hogar de nuestras emociones y sentimientos. Cuando nos sentimos enojados o tristes, alegres o entusiasmados, el lugar de estas emociones es nuestro cuerpo emocional.

Si tienes una herida en tu cuerpo físico, siempre que la mantengas limpia (y si es necesario, te suturen la piel), tu cuerpo la sanará. Lo mismo ocurre si se te rompe un hueso: siempre y cuando evites agravarlo, el hueso se curará solo. Tu médico podría recetarte analgésicos para aminorar el dolor y podría enyesar el hueso para mantenerlo inmóvil, pero la curación proviene del milagro de tu ser.

Lo mismo ocurre con las heridas emocionales o los traumas. Nuestro cuerpo emocional tiene una capacidad natural de sanación, siempre que creemos las condiciones necesarias para que el mecanismo de sanación haga su trabajo. Para decirlo sin adornos: sin importar cuál fue tu experiencia, por horrible que haya sido en ese momento, y a pesar de que sientas sus ECOS en tu vida como una ola de sonido ensordecedora que no puedes ignorar ni por un segundo, *la sanación es posible.* Tú-Puedes-Sanar.

Sin embargo, para que se active la capacidad natural de nuestra curación emocional, se deben cumplir algunas condiciones. En cierto sentido, necesitas convertirte en el cuidador cariñoso, hábil y con buenos recursos que quizá nunca tuviste. Podría llevar tiempo y lo más probable es que el proceso no sea en línea recta, pero puedes hacerlo.

Ahora que hemos recorrido de forma breve las cuatro etapas, o los ECOS, del trauma, echemos un vistazo más cercano a la primera etapa: los *eventos.*

CAPÍTULO 3

Descubre tus eventos traumáticos

Todos tuvimos un primer amor verdadero en la vida: una persona o algo con lo que nos obsesionamos y nos encontramos pensando cada minuto libre de nuestros días. Para mí, fue la psicología. Y, como muchas aventuras amorosas obsesivas, mi amor por la psicología nació del dolor, la desesperación y la creencia de que al fin había encontrado el antídoto para mi infelicidad.

Después de dos años de sufrir una grave enfermedad crónica que había devastado mi vida hasta el punto en que me cuestioné en serio si quería seguir viviendo, me topé con un libro llamado *El guerrero pacífico* de Dan Millman, y poco después, con el clásico de Louise Hay, *Tú puedes sanar tu vida.*

Digo que tropecé, pero la verdad es que mi abuela había dejado estos libros en un lugar estratégico, esperando que yo pudiera tomarlos. Ella fue lo suficientemente inteligente como para anticipar que, dada mi naturaleza obstinada, si me recomendaba que los leyera, había pocas posibilidades de que lo hiciera. Pero el dolor y la esperanza son una combinación poderosa y, para mí, equivale a cambio.

Estos dos libros me dieron la esperanza de que podría haber una forma distinta de vivir y también abrieron mis ojos a un universo nuevo de lo que mi vida podría significar y las opciones potenciales que tenía para cambiarla. En los meses siguientes leí con mayor intensidad y amplitud, y rápidamente agoté los libros de autoayuda que mi abuela tenía. Al final, tuve que hacer un viaje bastante vergonzoso a la biblioteca local para pedir prestados más libros (como era un adolescente de 18 años en busca de libros sobre el amor propio, recibí algunas miradas de extrañeza).

Un año después, mi salud se había recuperado lo suficiente como para ir a la universidad, y solo había una disciplina que quería estudiar: psicología. Sin embargo, unas semanas después de comenzar mis clases, descubrí que el enfoque de la psicología convencional no iba a satisfacer mi deseo de encontrar métodos de trabajo más innovadores y experimentales. Y así, con hambre de más, en mi tiempo libre seguí leyendo libros de autoayuda y asistiendo a talleres y cursos adicionales siempre que me era posible.

Experiencias adversas en la infancia (EAI)

Recorrer por mí mismo este camino durante los primeros años fue algo solitario y difícil, y tenía un profundo agradecimiento por las amistades y conexiones que comenzaron a surgir. El simple hecho de tener gente con quien hablar y compartir nuevos descubrimientos y reflexiones era como néctar para mi alma.

En aquel entonces, una amiga en particular, Katie, estaba en su propio viaje de sanación de una enfermedad crónica; había abandonado una exitosa carrera en los medios de comunicación para volver a capacitarse y seguir su sueño de convertirse en psicóloga. Juntos intentamos darle sentido a nuestros desafíos físicos y emocionales de ese momento, y durante una de nuestras numerosas conversaciones hablamos sobre el impacto de nuestro pasado. ¿Nuestra infancia había jugado un papel en nuestras actuales dificultades de salud? Dicho de otra manera, ¿cuáles habían sido los efectos de las experiencias adversas en la infancia (eventos potencialmente traumáticos que ocurren en la niñez)?

A mediados de la década de 1980, hubo un estudio innovador[1] que llevó a cabo Kaiser Permanente, una compañía de seguros con sede en EUA que brinda sus servicios por una tarifa fija y, por lo tanto, tiene una gran motivación para mantener y proteger la salud de sus miembros para reducir su responsabilidad legal a largo plazo. Uno de los programas clave ofrecido por Kaiser Permanente en ese momento era un tratamiento para la obesidad, y la compañía había observado que, aunque la mayoría de los participantes perdieron peso de forma exitosa mientras lo seguían, la tasa de abandono fue del 50 por ciento.

Al jefe del departamento de Medicina Preventiva de la empresa, Vincent Felitti, le despertó una enorme curiosidad saber los motivos y decidió seleccionar y entrevistar a algunos participantes que habían abandonado el programa. Lo que descubrió determinaría el mundo de la investigación del trauma en las siguientes décadas.

De las 286 personas con las que Felitti habló, la gran mayoría había sufrido abuso sexual en la infancia. Esto lo llevó a preguntarse si su aumento de peso podría ser en realidad un mecanismo para afrontar la depresión, la ansiedad y el miedo que reportaron. Se asoció con Robert Anda de los Centros para el Control y la Prevención de Enfermedades (CDC, por sus siglas en inglés) de EUA y juntos estudiaron las experiencias traumáticas infantiles de más de 17 000 voluntarios.

Los tres tipos de EAI

En el camino, Felitti y Anda acuñaron el término *Experiencias Adversas en la Infancia*, o EAI, que definieron como «eventos potencialmente traumáticos que pueden tener efectos negativos y duraderos en la salud y el bienestar». Determinaron que las EAI se dividen en tres categorías: abuso, negligencia y disfunción familiar. A continuación se presenta una descripción general de estas:

Abuso

- Abuso físico
- Abuso emocional
- Abuso sexual

Negligencia

- Negligencia física
- Negligencia emocional

Disfunción familiar

- Enfermedad mental de un familiar
- Madre tratada con violencia
- Divorcio de los padres
- Familiar encarcelado
- Abuso de sustancias en la familia

El estudio descubrió que las EAI son comunes (el 28% de los participantes en el estudio reportó abuso físico, y el 21%, abuso sexual) y también ocurren juntas: casi el 40% de los entrevistados mencionó dos o más EAI, y el 12.5%, cuatro o más.

En las décadas posteriores a este importante estudio, un conjunto sustancial de investigaciones de seguimiento ha servido para confirmar aún más estos hallazgos.[2-5] Lo que quizá sea más impactante es que aquellos que tienen seis o más EAI reportan una disminución promedio de veinte años en su esperanza de vida.

Trauma encubierto

Mientras mi amiga Katie y yo reflexionábamos sobre nuestra infancia, mis eventos traumáticos eran bastante obvios para mí: las experiencias de mis primeros años formaban una lista casi perfecta de EAI. Mis padres se habían divorciado; mi padre me había abandonado; mi hermana había padecido una grave enfermedad mental y era violenta; el alcohol se utilizó como estrategia de afrontamiento en la familia; y en ocasiones habíamos tenido dificultades financieras considerables.

Katie, por otra parte, había tenido una infancia más positiva en apariencia. Sus padres todavía estaban casados y tenía una buena relación con su hermana y su familia en general. Sus padres trabajaban duro y contribuían a la economía del hogar, lo que significaba que, aunque el dinero no abundaba, había suficiente. Katie había sido popular en la escuela, tenía buenos amigos y luego desarrolló una carrera exitosa.

Eso fue hasta que, como yo, se vio obligada a emprender un viaje de sanación complejo y desafiante.

Con una infancia que en apariencia fue feliz, ¿cómo podía Katie afirmar haber sido herida emocionalmente? De hecho, dijo que a las personas con un trauma «real» les parecía autoindulgente e irrespetuoso siquiera considerar que su «infancia feliz» la había afectado de modo negativo. Y, sin embargo, ella tenía muchas de las mismas dificultades que yo. Más allá de vivir con una enfermedad crónica, también sufría ansiedad y mal humor en ocasiones, y durante varios años había sentido que su vida carecía de propósito y significado. Como muchos de nosotros, Katie creía que estaba destrozada y, en cierto nivel, que era culpa suya.

Excavando un poco bajo la superficie, los orígenes del dolor de Katie comenzaron a revelarse. Aunque sus padres la amaban, no tenían apertura en el aspecto emocional. Y como niña emocional y sensible, Katie no sabía qué hacer con sus sentimientos. Le enseñaron que eran un signo de debilidad que había que superar; de hecho, solía decir cosas como «No me hagas caso, estoy siendo demasiado sensible».

Cuanto más exploramos juntos, más nos dimos cuenta de que, de hecho, la infancia de Katie la había impactado de modo tan intenso como a mí la mía; pero que esos impactos habían sido sutiles y encubiertos. En cierto sentido, el hecho de que ella no hubiera experimentado de forma explícita las EAI, como yo lo había hecho, dificultó aún más identificarlas y trabajar con ellas.

Formas de trauma encubierto

Muchos años después etiqueté las experiencias como el divorcio, el abandono, vivir con familiares con enfermedades mentales, etc., como *traumas manifiestos*, es decir, son experiencias traumáticas obvias. A las experiencias más sutiles e insidiosas, como las que había experimentado Katie, las llamé *traumas encubiertos*; no son necesariamente menos dañinas en su impacto, pero a menudo son más difíciles de ver.[6] Aunque existen muchas formas diferentes de trauma encubierto, aquí hay algunos ejemplos:

- No sentirte visto de forma emocional o validado en tus propias emociones. Por ejemplo, cuando te dicen, como a Katie: «Solo estás muy sensible, ya supéralo».
- Que te enseñen que tu valía personal está determinada por lo que haces/logras. Tal vez no eras el mejor del salón escolar en una materia, y te dijeron que eso significaba que habías reprobado y que eras tonto.
- No sentirte en sintonía, reconocido, visto o validado por tus cuidadores, o no conectarte con tus pares, porque tu experiencia del mundo es muy diferente a la de ellos y no te entienden. Por ejemplo, puedes ser neurodivergente y tu experiencia vivida difiere de la de los demás.
- Aprender que las necesidades de otras personas son más importantes que las propias. Por ejemplo, que te digan habitualmente que ignores lo que quieres y le des prioridad a quienes te rodean.
- Sentirte avergonzado de tu raza o tu ascendencia. Por ejemplo, ser parte de un grupo étnico minoritario en tu ciudad natal y que otros niños te intimiden por ello.
- No recibir la misma cantidad de amor/atención que tus hermanos por parte de tus padres.
- Tus padres estaban ausentes de manera física o emocional debido a otras prioridades, como el trabajo o los pasatiempos, lo que te hacía sentir que todo lo demás era más importante que tú.

Por supuesto, la lista está lejos de ser exhaustiva; profundizaremos más en el trauma encubierto a medida que continuemos nuestro viaje.

Eventos traumáticos únicos vs. eventos traumáticos recurrentes

También es útil hacer una distinción entre eventos que sucedieron una vez y aquellos que se volvieron casi rutinarios en nuestra infancia. Aunque un solo evento puede ser una fuente importante de trauma, cuando algo se convierte en una experiencia repetitiva, tiene el costo adicional de normalizarse.

Por ejemplo, como niños, ver a nuestros padres tener una discusión acalorada una vez puede ser perturbador, pero si nuestras necesidades emocionales básicas se satisfacen de modo adecuado, podría representar una comprensión útil sobre las realidades del manejo de conflictos y de las diferencias de opinión. Pero si ver a nuestros padres discutir se convierte en la norma, el impacto es muy diferente. Nuestro sistema nervioso aprenderá a activarse para prepararnos ante los sobresaltos y normalizaremos este nuevo equilibrio homeostático.

¿Es normal no recordar eventos traumáticos?

Mientras lees esto, es posible que empieces a pensar en los diversos acontecimientos de tu infancia que crees que te impactaron. Si es así, genial, porque ya estás un paso adelante. Sin embargo, también es muy posible que te sientas perdido porque, en el mejor de los casos, tienes un recuerdo fragmentario de tu infancia.

Si este es el caso, en definitiva, no estás solo. De hecho, múltiples estudios de investigación han demostrado el impacto del trauma temprano en nuestros recuerdos de la infancia.[7-11] Como veremos en el capítulo 6, una de las formas en que gestionamos los impactos de nuestro trauma es aprendiendo a evitar y evadir nuestras emociones. En el extremo más fuerte de esta respuesta, podemos tener dificultades para formar recuerdos precisos en el momento del evento.

Además, también hay evidencia de un vínculo entre el trauma y una tendencia a generalizar en exceso los recuerdos autobiográficos en lugar de recordar eventos individuales.[12-17] Por ejemplo, cuando se nos pide que describamos con especificidad una ocasión en la que sentimos alegría, podríamos decir que solíamos disfrutar yendo a la feria, en lugar de hablar de una ocasión precisa en la que fuimos a la feria.

En su importante libro *Trauma y memoria*[18] el doctor Peter Levine explora cómo el cuerpo puede almacenar recuerdos traumáticos como sentimientos y sensaciones en lugar de pensamientos e ideas, y cómo podemos utilizar esta comprensión para procesar el trauma de una manera diferente, a través de lo que él llama *experiencia somática* (relacionada con el cuerpo).

Lo que sucede entonces con frecuencia, durante un proceso terapéutico seguro y relajante, es que esos recuerdos empiezan a resurgir.[19] Esta es una señal de que la terapia está funcionando, porque nuestro sistema ahora se siente lo suficientemente seguro como para ofrecer los recuerdos para su sanación. Dicho esto, hay un debate en curso en los círculos psicológicos sobre los recuerdos reprimidos y recuperados y la exactitud de los recuerdos de acontecimientos traumáticos históricos.[20-22] Por lo tanto, creo que es importante que guardemos esos recuerdos con cuidado.

Sin embargo, aunque los detalles de acontecimientos traumáticos en particular pueden ser poco fiables, cuanto más central sea la información, más probable es que existan elementos importantes de verdad.[23, 24] Por lo tanto, si comenzamos a descubrir recuerdos de eventos para los cuales no tenemos un punto de referencia en términos de si son ciertos o no, podemos trabajar con el trauma y la emoción almacenada, con una ligera comprensión de los detalles de todos los hechos.[25] Al menos hasta que podamos encontrar algún tipo de confirmación externa de ellos.[26]

En mi trabajo, considero que lo relevante no es tanto si algo es cierto o correcto de modo objetivo, sino si se siente real y, por lo tanto, existe algún trauma emocional correspondiente que debe ser metabolizado y procesado independientemente. De hecho, mi experiencia, tanto personal como profesional, constata que el trauma entra en nuestro cuerpo de una manera, pero los recuerdos que surgen pueden ser diferentes de la realidad.

El impacto de las normas culturales

Otra consideración al intentar comprender los sucesos de la vida que nos han moldeado son las normas culturales del entorno en el que sucedieron. Por ejemplo, digamos que creciste en una cultura en la que se valoraba el intelecto más que la sensibilidad emocional y expresar las necesidades emocionales era mal visto. Quizá no sucedió solamente en tu casa, sino también en la iglesia a la que asistías, en tu salón de clase, en la escuela, y en la manera en que tu sociedad seleccionaba y celebraba a sus íconos culturales. Como resultado, llegaste a creer que los pensamientos importan más que los sentimientos.

Sin embargo, que todos los que te rodeaban hayan normalizado y compartido esta creencia no reduce el impacto del evento. De hecho, a menudo lo empeora porque no hubo apoyo para el problema que bien pudo haber surgido instintivamente dentro de ti para manifestar que tenías una necesidad emocional básica que no estaba siendo satisfecha.

Para las personas neurodivergentes, como aquellas con autismo o problemas sensoriales, de información o de atención como TDAH o dislexia, la experiencia de ser incomprendidos es muy común. Lo mismo ocurre con aquellos cuya orientación sexual no ha sido acogida, o cuya identificación de género ha sido rechazada o juzgada por quienes los rodean. Si nuestra verdadera identidad o experiencia de vida es el desencadenante de la revocación o transgresión de nuestras necesidades emocionales fundamentales de límites, seguridad y amor, puede significar algo profundamente traumático.

Como padre de dos hijas neurodiversas y esposo de una esposa neurodiversa, siento una profunda pasión por la importancia de reconocer y validar las diferencias entre nosotros. No como aspectos para «aprender a aceptar y con los cuales vivir», sino como cualidades que celebrar por los regalos que pueden representar. De hecho, es asombrosa la cantidad de grandes artistas, pensadores y empresarios de nuestra historia que no eran neurotípicos. Por desgracia, muchos de quienes hoy crecen sin poder ajustarse al molde de la sociedad que los rodea han sufrido traumas importantes como resultado.

También están surgiendo pruebas fascinantes sobre cómo el trauma se transmite entre generaciones.[27-32] Las experiencias que les sucedieron a nuestros antepasados viven en nuestro ADN y también se transmiten a través de los comportamientos y las normas de nuestro entorno, familias y comunidades.[33, 34] Mi amigo Thomas Hübl ha escrito sobre esto con especial elegancia en su libro *Sanar el trauma colectivo*.[35]

Parte de la dificultad de desentrañar el impacto de los sucesos de nuestra infancia y más allá y de conocer cómo han moldeado los significados que creamos en respuesta a ellos radica en buscar una idea clara, no de lo que hemos normalizado sino de lo que es «saludable». Y para hacerlo de manera efectiva a menudo tenemos que alejarnos del juego de las culpas; de lo contrario, puede perpetuarse el ciclo de nuestro propio sufrimiento.

Exploraremos esto más a fondo en la parte II. Por ahora importa comprender que somos capaces de reconocer que, sin dejar de amarlos y sabiendo que en su corazón ellos nos amaban, los cuidadores de nuestra infancia no lograron satisfacer nuestras necesidades emocionales básicas o que incluso fueron los instigadores involuntarios de eventos que nos hirieron.

No se trata de calificar de aceptables o correctos ciertos comportamientos, o la ausencia de estos, ni de eliminar nuestro derecho a defender causas que nos apasionan. De hecho, el activismo hábil para impulsar el cambio en el mundo es lo que está detrás de numerosos avances. Y una de las grandes peripecias emocionales que implica la sanación emocional en la adultez es la capacidad de sentir la ira y el odio del niño pequeño que hay en nosotros por no obtener lo que necesitaba, al tiempo que el adulto en nosotros reconoce el amor que también pudo estar presente.

Dicho de otra manera, podemos reconocer que no es culpa nuestra, pero tampoco es culpa de nuestros padres. Es posible que se comportaran de una manera que nos lastimó, pero es poco probable que haya sido intencional. De hecho, es probable que su incapacidad para satisfacer hábilmente nuestras necesidades emocionales haya sido producto de la incapacidad que sus propios padres tuvieron con ellos, y así de forma sucesiva. El regalo potencial de nuestra curación es ayudar a romper el ciclo del trauma.

¿El trauma ocurre solo en la niñez?

A estas alturas se te perdonaría si pensaras que solo importan los acontecimientos que ocurren en la infancia, ya que nos hemos centrado en ellos. La razón por la que lo he hecho así es que los sucesos de la infancia tienen un impacto particular por varias razones. En primer lugar, durante los primeros siete años de nuestra vida se moldea y se forma nuestra personalidad. En segundo lugar, como niños dependemos por completo de quienes nos rodean para satisfacer nuestras necesidades emocionales, pero como adultos ya tenemos la capacidad de autorreflexionar para atender nuestras propias emociones.

Sin embargo, el trauma puede ocurrir en cualquier momento de nuestra vida, incluso si nuestra forma de responder se estableció en la infancia, y así permanecerá hasta que trabajemos activamente para cambiarla. En conclusión: si cargamos con una herida emocional no procesada por un evento o una serie de eventos que experimentamos, entonces hay un trauma.

Puede tratarse de un evento manifiesto o encubierto, de un hecho aislado o de una serie de eventos; nuestro recuerdo puede ser exacto o no; puede haber sucedido en una cultura que lo normalizó o no; y puede ocurrir a cualquier edad. En última instancia, lo que importa es el impacto del evento en nosotros, principalmente si dejó una herida que aún no ha sanado.

¿CUÁLES HAN SIDO LOS EVENTOS TRAUMÁTICOS PRINCIPALES EN TU VIDA?

Hemos llegado a tu primer ejercicio. Puede ser sencillo que continúes la lectura y te digas «lo haré más tarde», pero corres el peligro de no hacerlo. Para que este libro sea más que un simple proceso intelectual, es fundamental completar los ejercicios. En pocas palabras, conocer está bien, pero la acción genera los cambios.

Haz tu mejor esfuerzo para responder las siguientes preguntas. Considera esto como una breve lista de verificación de posibles eventos traumáticos; debido a que no es exhaustiva, si se te ocurre algo que no se menciona aquí, agrégalo. Para este ejercicio (y todos los demás que se incluyen en este libro) encontrarás una hoja de trabajo fácil de completar en tu curso complementario gratuito (disponible en inglés) en <www.alexhoward.com/trauma>.

EAI/Trauma manifiesto

Abuso

- ¿Has sufrido abuso físico?
- ¿Has sufrido abuso emocional?
- ¿Has sufrido abuso sexual?

Negligencia

- ¿Eres consciente de haber sido abandonado físicamente cuando eras niño?
- ¿Eres consciente de haber sido abandonado emocionalmente cuando eras niño?

Disfunción familiar

- ¿Tuviste algún familiar con una enfermedad mental en el hogar donde creciste?
- ¿A alguno de tus padres lo trataron de forma violenta?
- ¿Tus padres se divorciaron o separaron?
- ¿A alguno de tus padres lo encarcelaron?
- ¿Hubo abuso de sustancias en tu familia?

Trauma encubierto

- Cuando eras niño, ¿te sentías visto y validado emocionalmente?
- ¿Te enseñaron que tu autoestima estaba vinculada a lo que hacías, en lugar de ser intrínseca a tu valor como ser humano?

- ¿Te sentiste rechazado por ser diferente a los demás?
- ¿Aprendiste que las necesidades de otras personas eran más importantes que las tuyas?
- ¿Te sentiste avergonzado o juzgado por tu procedencia o por tus antecedentes?
- ¿Sentiste que recibías la misma cantidad de amor/atención de tus padres que tus hermanos?
- ¿Tus padres estuvieron física o emocionalmente ausentes debido a sus otros compromisos (por ejemplo, trabajo o pasatiempos)?

Avanza con amabilidad

Tengo curiosidad por saber qué descubriste al hacer este ejercicio. Es posible que experimentes claridad y alivio por haber comenzado a darle algún sentido a los acontecimientos de tu vida. Y de igual modo, es posible que te sientas abrumado y conmocionado por la cantidad de traumas que registraste.

Sin embargo, lo importante es esto: todo lo que sientas está bien. Si te juzgas o te rechazas por ello, esa misma respuesta es la que está perpetuando tu ciclo de trauma. Ser gentil contigo mismo a lo largo del viaje de sanación es en sí mismo un signo de curación. Recuerda: no es tu culpa.

Ahora que comenzamos a explorar algunos de los principales eventos traumáticos de tu vida, es hora de centrar nuestra atención en cómo respondiste ante ellos. Por eso, en el siguiente capítulo profundizaremos en las tres necesidades emocionales básicas que son vitales para desarrollar la resiliencia emocional.

CAPÍTULO 4

El contexto lo es todo

Cuando era niño me encantaban las películas y las historias de superhéroes. La idea de que alguien poseyera poderes especiales que le facilitaran transitar la vida y le brindaran la capacidad de hacer cosas sobrehumanas era más que intrigante, hablaba de una carencia que sentía: la resiliencia ante los golpes de la vida.

Sin embargo, incluso más que las historias de superhéroes, me encantaban las de personas en apariencia normales que desarrollaron habilidades extraordinarias a través de la disciplina y el trabajo duro. Puede que Superman haya nacido con la capacidad de volar, pero es más increíble alguien como Iron Man, que construyó un traje superpoderoso, o el chico de *Karate Kid*, que gracias a un gran mentor adquirió la capacidad de hacer frente a sus torturadores. En otras palabras, me encantaba la idea de que los superpoderes se aprendieran.

Como alguien que creció golpeado por la vida y moldeado profundamente por esos impactos, durante muchos años busqué formas de sanar mis traumas y hacer mi vida más fácil y funcional. No me percaté en ese momento, pero un subproducto de mi viaje de sanación fue que mi costal negro emocional se vació bastante, haciéndome menos reactivo (aunque soy humano, ¡y todavía sucede!) y con mayor resiliencia emocional.

Hoy me doy cuenta de que mucho de lo que alguna vez me resultó difícil ya no lo es, y cuando la vida me presenta desafíos, puedo superarlos con mayor facilidad. Y no en forma de distanciamiento o desconexión emocional, sino permaneciendo emocionalmente abierto y presente y atravesando los sentimientos con la menor resistencia posible.

Nuestras tres necesidades emocionales básicas

El punto central de la resiliencia no significa que necesariamente tengamos menos reveses en la vida, sino que seamos más capaces de manejarlos cuando sucedan. Desarrollamos la flexibilidad para ser fuertes cuando necesitamos serlo y, de igual forma, para ser amables cuando es necesario. Los golpes de la vida nos atraviesan y no se quedan atrapados y retenidos en nuestro sistema nervioso.

En última instancia, es esta resiliencia emocional la que determina si nuestro equilibrio homeostático cambia y entonces desarrollamos estrategias destructivas de afrontamiento a largo plazo para intentar manejar ese cambio. He descubierto que así como existen ingredientes fundamentales para alimentar nuestro cuerpo físico (como la comida, el oxígeno y el sueño), también hay ingredientes esenciales para el desarrollo saludable de nuestro cuerpo emocional. Son estos ingredientes los que nos impulsan a desarrollar resiliencia emocional.

Como comentamos en el capítulo 2, hay tres ingredientes esenciales para la resiliencia emocional, y dependemos por completo de que nuestros padres u otros cuidadores para que nos los proporcionen cuando somos niños, pero a medida que crecemos y nos desarrollamos saludablemente podemos aprender a generarlos nosotros mismos. La realidad es que cuando no se satisfacen nuestras tres necesidades emocionales fundamentales, no aprendemos a lidiar con nuestras emociones de manera sana. Cuando no podemos procesarlas, el resultado es un trauma.

Veamos con detalle las tres necesidades emocionales básicas que todo niño debe recibir para desarrollarse saludablemente y alcanzar su potencial. Estas son la necesidad de límites, la necesidad de seguridad y la necesidad de sentir amor.

Y, por favor, toma en cuenta que son *necesidades*, no *deseos*. No son preferencias que tenemos en la vida para nuestro sano funcionamiento; son esenciales para nuestro desarrollo básico. Son tan importantes para nuestro cuerpo emocional como lo son la comida y el sueño para nuestro cuerpo físico.

La necesidad de límites

Un límite es una línea real o imaginaria que indica la frontera o la extensión de algo. Una frontera separa a nuestro yo de lo otro, a lo interior de lo exterior y a una nación de otra. Los límites saludables son primordiales para el funcionamiento de casi todos los sistemas del planeta Tierra.

Un ejemplo simple es el sistema inmunológico de nuestro cuerpo físico, donde el trabajo de nuestras células T o linfocitos es determinar cuándo se trata de una célula nativa y cuándo de un invasor. Si la célula extraña es en cierto grado una amenaza, nuestras células asesinas (o NK, por sus siglas en inglés), que son de la misma familia que las células T, responden con rapidez para protegernos. De hecho, parte del funcionamiento de las vacunas consiste en enseñarle a nuestro sistema inmunológico cómo mejorar su respuesta protectora ante una enfermedad que cruza nuestra frontera.

Igual que el cuerpo físico, el cuerpo emocional también requiere límites. Necesita que seamos capaces de decir sí o no a personas, experiencias o acontecimientos. En su nivel más fundamental, cuando somos niños, estos límites nos protegen de personas o experiencias que podrían dañarnos. Sin embargo, desde el principio del desarrollo infantil, debemos aprender a asumir esta función por nuestra cuenta, a medida que nuestros deseos y anhelos nos resulten más claros, porque solo nosotros sabemos cuáles son.

Durante nuestro desarrollo, pasamos por algunos ciclos en los que esto es una prioridad psicológica, el primero de los cuales se conoce comúnmente como «los terribles dos años». Aquí es cuando los niños están desarrollando y practicando decir «no», y con frecuencia puede ser a expensas de conseguir lo que en realidad quieren, porque la experiencia de tener su «no» en el momento es más importante para su desarrollo.

Aunque es una fuente de profunda frustración para los padres de todo el mundo, los niños no hacen lo que *decimos*, sino lo que *hacemos*, ya que somos el modelo que les enseña cómo moverse por el mundo. Entonces, como padres, es casi imposible enseñar a los niños límites de cualquier otra manera que no sea con nuestro ejemplo.

Los límites claros y predecibles son un ingrediente crucial para que nos sintamos seguros cuando somos niños. Además, un padre que está dispuesto a establecer y mantener un límite, en especial cuando le resulta inconveniente, en realidad está enviando el mensaje: «Te amo lo suficiente como para mantener este límite».

Por supuesto, parte de la gran aventura de ser padres es que los momentos en los que necesitamos ser más hábiles y empáticos son muchas veces aquellos en los que nos sentimos menos ingeniosos y con más ganas de gritar. De hecho, los niños casi tienen un sexto sentido para detectar la vulnerabilidad de sus padres y explotarla. Entonces, lo que voy a decir de ninguna manera pretende culpar; es solo una declaración de cómo son las cosas. Padres, sean amables con ustedes mismos al leer esto, ¡y yo haré lo mismo!

Establecer y mantener límites saludables

Los niños necesitan límites fuertes, predecibles y consistentes, sostenidos de manera amorosa y sensible. Los límites saludables nos enseñan a decir *sí* y *no* a los demás, pero también a hacer lo mismo por nosotros mismos. Si alguna vez has batallado con la autodisciplina, que en esencia es la capacidad de decirte sí o no a ti mismo, lo más probable es que tengas un problema con tus límites internos.

Así como los límites saludables deben ser predecibles y consistentes, también deben ser receptivos. Cuando un límite es constantemente rígido e insensible a lo que sostiene, se siente frío y cruel. Cuando un límite se mantiene firme, pero con un poco de flexibilidad, y actúa con amor y sensibilidad, nos sentimos de verdad apoyados.

Por ejemplo, podemos crearle a un niño el límite de irse a la cama a una hora determinada, y mantenerlo con firmeza y previsibilidad. Pero digamos que invitó a un amigo a dormir y se están divirtiendo juntos, con los corazones llenos de alegría. Es probable que cortar la diversión de una manera fría e insensible para mantener el límite de la hora de dormir desate la furia de los titanes. Del mismo modo, dejar que un niño juegue hasta que no pueda más los dañará a todos al día siguiente.

Por lo tanto, el límite debe ser sensible, proporcionado y aplicado con amor, lo que no impide que su aplicación se intensifique apropiadamente si no se le respeta. En última instancia, quien establece los límites debe estar en sintonía con la respuesta emocional del niño y adaptarlos de tal manera que se sienta solidario y no abrumador.

Los límites también son como un músculo y crecen cuando se les ejercita y desafía más allá de su zona de confort actual. Esto significa que los niños necesitan tener algo a lo que puedan contrariar o desafiar (como que les digan que «no»), porque les ayuda a desarrollar su propio sentido de fuerza y a desarrollar su voluntad. Una vez más, este desafío debe ser apropiado, considerado y receptivo a la respuesta del niño.

Por otro lado, que un niño escuche que puede hacer algo (lo que él quiera), que tiene la capacidad y que debe intentarlo, también es importante, porque le da la fortaleza no solo para crecer y expandir su vida, sino también para enfrentar los desafíos inevitables que enfrentará. En esencia, hay un gran poder en usar el *no* y el *sí* apropiadamente.

Por supuesto, si ejercemos demasiada presión sobre un músculo, nos lesionaremos, y lo mismo ocurre con los niños. Pero desarrollar la valentía y la fuerza emocional requiere desafiarlos adecuadamente para configurar su sentido de fortaleza y capacidad internas, por lo cual creo que la tendencia actual de proteger en exceso la comodidad de los niños está haciendo más daño que bien.

En suma, cuando aprendemos a establecer y mantener límites saludables, podemos protegernos de situaciones con potencial de dañarnos y, cuando finalmente las enfrentamos, nos resulta más sencillo librarlas. Así, cuando llegue el momento de comprometernos con nuestra propia sanación, tendremos la autodisciplina para decir «no» a las distracciones que surjan y «sí» a los nuevos hábitos y comportamientos que más nos sostengan.

La necesidad de seguridad

El sistema nervioso del cuerpo humano tiene dos ramas. La primera es nuestro sistema nervioso simpático, que está diseñado para estimular y activar nuestro cuerpo para la acción. El segundo es nuestro sistema nervioso parasimpático, cuya función es descansar, digerir y regenerarse. Cuando se activa un sistema, el otro se desactiva. Ambos son necesarios para la sobrevivencia, y un equilibrio saludable entre los dos es la base de una vida sana, porque cualquier exceso desencadena problemas correlacionados.

Cuando percibimos peligro en nuestro entorno interior o exterior, nuestro sistema nervioso simpático activa una respuesta de lucha o huida (veremos esto más a fondo en el siguiente capítulo). Sin embargo, cuando esta sensación de peligro es constante o abrumadora consistentemente, este mecanismo saludable de sobrevivencia, también llamado *respuesta al estrés*, se desadapta y estanca a nuestro sistema nervioso en un estado prolongado de sobreactivación.

Cuando somos niños, nuestro sentido interno de seguridad tiene un componente físico y uno emocional. Necesitamos sentirnos seguros en el entorno físico real en el que nos encontramos, pero eso por sí solo no es suficiente. Podemos reconocer que no estamos físicamente en peligro pero sentirnos inseguros a nivel emocional. Por ejemplo, si estamos cerca de alguien que con frecuencia nos hace sentir juzgados o criticados, o si tenemos un padre cuyas emociones son impredecibles, nuestro sistema nervioso se activará para protegernos.

Algunas veces la amenaza en el entorno es real y otras, es una amenaza percibida, pero el impacto en nuestro sistema nervioso es el mismo. De hecho, nuestro cerebro no distingue entre algo real y algo imaginado de forma vívida. Además, cuando somos niños pequeños, consideramos que gran parte del mundo es una amenaza, y con bastante razón: todo, desde el gato de la familia hasta la chimenea, es peligroso hasta que aprendemos a sentirnos seguros en su presencia.

Lo que nos ayuda a calmarnos ante estos peligros constantes es el consuelo y el apoyo de nuestros cuidadores principales. En el caso de un desarrollo saludable, cuando nos sentimos asustados o el mundo nos parece abrumador, recurrimos a nuestros cuidadores para que puedan tranquilizarnos y consolarnos. El consuelo de nuestros cuidadores no está solo en la protección física de su abrazo: también hay una regulación que ocurre entre nuestro sistema nervioso y el de ellos.[1-4] Sin embargo, si el cuidador al que buscamos no se encuentra en un estado de calma y tranquilidad, en lugar de fusionarnos con el consuelo que necesitamos, incorporamos mayor estrés.[5-8] Además, si nos desprecian o nos castigan por buscar ese consuelo y ese apoyo, aprenderemos que el mundo no es un lugar seguro, que estamos equivocados al buscar seguridad y, como resultado, podemos «desconectarnos» emocionalmente.[9]

Si nuestra necesidad emocional de seguridad no se satisface cuando somos jóvenes, a medida que crecemos descubriremos que la capacidad de recuperación de nuestro sistema nervioso disminuye, porque no está condicionado para afrontar los golpes de la vida.

La necesidad de amor

Así como las plantas necesitan la luz del sol para darles vida, el ser humano necesita amor. Existe una gran cantidad de investigaciones que demuestran que cuando los niños no reciben suficiente amor, su desarrollo se ve afectado en casi todos los sentidos.[10-13]

Y no es cualquier tipo de amor lo que necesitamos como niños. Es un tipo específico: el amor que nos ayuda a desarrollar la resiliencia emocional es el amor incondicional. Cuando nos educan para creer que nuestra autoestima y nuestra valía están vinculados a lo que hacemos y a nuestro comportamiento, terminamos en la rutina peligrosa de perseguir el amor continuamente, en lugar de relajarnos porque sabemos que es un fundamento en el corazón de lo que somos.

Como niños, para sentirnos en verdad amados, necesitamos ser adorados y amados en el sentido más profundo de la palabra. Hay diferentes formas de demostrar y expresar amor, pero, como siempre, las acciones de los cuidadores son más poderosas que sus palabras.

Entre las demostraciones de amor más potentes está la atención y el interés. Cuando un niño sabe que su cuidador está interesado en él de forma genuina, que quiere y disfruta pasar tiempo con él, se sentirá amado. Y los niños están en sintonía emocional: son capaces de sentir cuando un padre tiene los gestos, pero sin verdadero interés y atención.

Más aún, las palabras y las acciones por sí solas no son suficientes. Como niños también necesitamos *sentir* amor, lo que significa un contacto humano receptivo y afectuoso que respeta nuestros límites cuando los expresamos. Si no nos tocan ni nos abrazan cuando somos niños, ni en las formas apropiadas para nuestra edad a medida que maduramos, es posible que ni todas las palabras y acciones del mundo sean suficientes para que nos sintamos de verdad amados.[14-19]

Tener una sensación de amor físico y emocional tampoco es suficiente. De niños necesitamos sentirnos especiales. Necesitamos sentir que brillamos por encima de todo lo demás en el mundo de nuestro cuidador: que somos el sol de sus ojos. Ahora bien, se podría argumentar que algunas partes de la sociedad moderna han llevado este principio demasiado lejos, pero en última instancia, es una necesidad humana sentir que importamos de esta manera. El amor no se trata de ser uno más entre muchos, sino de sabernos reconocidos y amados en nuestra singularidad y belleza.

Nuestras necesidades emocionales básicas están vinculadas

Cuando una necesidad emocional fundamental no se satisface, con frecuencia afectará a las demás. De hecho, existe una conexión directa: necesitamos límites para sentirnos seguros y para sentir amor necesitamos sentirnos seguros. Del mismo modo, sentir amor puede darnos la confianza de mantener un límite o permitirnos sentirnos seguros.

Además, para muchos de nosotros, nuestra vida actual es el resultado de la interacción entre estas diferentes necesidades y no están siendo satisfechas de manera adecuada. En mi propia vida, sentir que el mundo era impredecible y peligroso debido al comportamiento de mi hermana, la falta de apoyo físico y no contar con un respaldo para cultivar mi fortaleza debido a la ausencia de mi padre, me hizo muy vulnerable al acoso escolar.

Me había normalizado para la violencia y el abuso, pero no tenía la fuerza necesaria para defenderme. Y mi necesidad emocional implicaba que, en algún nivel, anhelaba la atención que me brindaba el acoso. Aunque con crueldad, al menos me veían y me sentía especial.

Ahora bien, por supuesto, estas necesidades emocionales tienen grados y, como mencionamos en el capítulo anterior, muchas de las batallas vendrán de traumas encubiertos. No necesitamos que nos golpeen físicamente para sentir la falta de seguridad, y no necesitamos que nos pongan límites abusivos para que nuestra sensación de fortaleza disminuya.

¿TUS NECESIDADES EMOCIONALES BÁSICAS FUERON SATISFECHAS?

Para ayudarte a comprender mejor en dónde te encuentras ahora, exploremos qué necesidades emocionales básicas fueron satisfechas y cuáles no cuando eras niño. Responde las siguientes preguntas utilizando la hoja de trabajo de tu curso complementario gratuito (disponible en inglés) en <www.alexhoward.com/trauma>.

Límites

- ¿Te pusieron límites justos y razonables que se mantuvieron consistentemente?
- ¿Esos límites eran sensibles y respondían a tus necesidades, y fueron adaptados apropiadamente?
- ¿Aprendiste cómo decir «no» y lo respetaron?
- ¿Te desafiaron para tomar riesgos sensatos y alcanzar tu potencial?
- ¿Te permitían luchar saludablemente y, como respuesta, te alentaron para desarrollar la autodisciplina?

Seguridad

- ¿Estabas físicamente seguro y protegido cuando eras niño?
- ¿Sentías que tenías un «lugar flexible donde caer» en el ámbito emocional?
- ¿Te dieron consuelo físico y ayuda cuando lo necesitaste?
- ¿Sentías que quienes te rodeaban estaban en sintonía emocional con tus sentimientos?
- ¿Tus cuidadores principales mantenían un estado de calma y tranquilidad la mayor parte del tiempo para que tú pudieras sentirte seguro en sus brazos?

Amor

- ¿Sentiste que tus cuidadores estaban interesados en ti y disfrutaban pasar tiempo contigo?
- ¿Tus cuidadores te dijeron que te amaban?

- ¿Sentiste amor por parte de tus cuidadores?
- ¿Recibiste abrazos, mimos y contacto físico apropiado para tu edad y que te hicieran sentir amado?
- ¿Te sentías especial para quienes estaban a tu alrededor?

¿Qué descubriste sobre ti al completar este ejercicio? ¿Obtuviste los límites, la seguridad y el amor que todos los niños necesitan? Si no, está bien. Un objetivo central de nuestro trabajo conjunto es que aprendas a satisfacer estas necesidades por ti mismo y aumentes tu resiliencia emocional.

Reconozco que puede haberte resultado difícil el ejercicio. Para muchos, darnos cuenta de que cuando éramos niños no se cubrieron nuestras necesidades fundamentales puede ser muy impactante y perturbador, ya que nuestro corazón anhela lo que necesitábamos y merecíamos. Si eso es cierto para ti, sé amable contigo mismo.

Relaciones codependientes

Hablaremos más sobre las relaciones clave de nuestra vida en la parte final del libro, pero ahora me gustaría señalar algo específico. Cuando sentimos una deficiencia particular en una necesidad emocional, podemos buscar inconscientemente a alguien que la satisfaga en una relación íntima.

Por ejemplo, digamos que tenemos límites insuficientes y por ello la gente nos pisotea. Como resultado, podemos encontrarnos en una relación con alguien que es demasiado imponente y traspasa los límites de los demás. En cierto nivel, hay una sensación de alivio para nosotros al estar con alguien «fuerte» que puede protegernos de otras personas, y aunque puede ocurrir que nos falte al respeto y traspase nuestros propios límites, también hay una extraña familiaridad en esa forma de relacionarnos.

En definitiva, para que nuestra vida interior y nuestras relaciones íntimas funcionen, debemos aprender a satisfacer estas necesidades dentro de nosotros mismos. Eso no significa que nuestras relaciones íntimas no puedan ayudarnos a satisfacerlas, pero tampoco pueden ser la forma principal en que lo hagamos. La insatisfacción de nuestras necesidades emocionales fundamentales en la niñez no es el mejor comienzo en la vida, pero ahora podemos aprender a satisfacerlas por nosotros mismos, con la práctica y la orientación adecuadas.

Contexto en el modelo ECOS

Si pensamos lo anterior en forma de ECOS, el *contexto* dentro del cual ocurren los eventos traumáticos resulta vital. Cómo responden las personas que nos rodean, y nosotros mismos, a un evento es muy importante. Tomemos los casos de dos niños que viven la terrible tragedia de perder a su madre.

En el primer caso, los miembros de la familia están tan consumidos por sus propios sentimientos de pérdida y dolor que prestan poca atención a las necesidades del niño. De hecho, verlo triste puede ser demasiado doloroso y por eso le gritan cuando llora. Como resultado, el niño se siente inseguro de sus sentimientos y carece de un sentido de adoración y cuidado por parte de quienes lo rodean. Empieza a actuar para llamar la atención y no hay límites que le digan: «Te amamos lo suficiente como para decirte que no».

En el segundo caso, al niño no solo se le brinda el apoyo físico y emocional que necesita, sino que también se le anima de forma activa a sentir y expresar sus emociones. Cuando se siente triste, lo contienen mientras sus lágrimas caen y el mensaje constante es que es amado y sostenido. Cuando lo sorprenden actuando para llamar la atención, le imponen límites firmes que ajustan su comportamiento, pero desde un lugar de bondad y cuidado.

Es probable que el primer niño vaya por la vida con un sistema nervioso alterado, huyendo de modo constante de sus sentimientos y con todo tipo de resultados negativos como consecuencia de sus intentos por compensar y evitar su dolor.

El segundo niño, aunque extrañará profundamente a su madre, es sostenido en el procesamiento de sus emociones y su entorno lo apoya para limitar el daño en muchas otras áreas de su vida. Su dolor no es necesariamente menor en ese momento, pero los impactos en su vida son muy diferentes a los del primer niño.

Libera tu futuro

Espero que después de haber leído este capítulo y resuelto el ejercicio, ahora puedas entender mejor cómo tu infancia moldeó y generó dificultades en algunos aspectos de tu vida adulta. Más importante aún, el conocimiento es poder, y ahora que profundizamos en la comprensión de lo que te ha formado, también podemos profundizar en cómo impulsar la sanación.

Es probable que ya hayas descubierto que el verdadero daño de no satisfacer nuestras necesidades en la infancia no es lo que sucede durante esa etapa, sino cómo nos moldea para el resto de nuestra vida. En definitiva, la forma en que aprendemos a relacionarnos con nosotros mismos en nuestra vida adulta está determinada por estas necesidades emocionales fundamentales.

Es posible que nuestros cuidadores principales no estén presentes todos los días, pero lo que aprendemos de ellos sí. Y hasta que no lo cambies intencionalmente, lo más probable es que sigas respondiéndote emocionalmente de la misma manera en que te respondieron.

Y eso es lo que necesitamos cambiar precisamente. Así es como liberamos tu futuro de las limitaciones de tu pasado.

Ahora es el momento de pasar a la tercera de las cuatro etapas del trauma. En el siguiente capítulo exploraremos cómo nuestros traumas afectan el equilibrio homeostático de nuestro sistema nervioso y el enorme impacto que esto puede tener en nuestra vida.

CAPÍTULO 5

¿Cómo está tu equilibrio homeostático?

Cuando la conocí por primera vez, Aadya tenía poco más de 30 años y su síntoma más apremiante eran migrañas intensas que, según sus médicos, no tenían una causa conocida. Eran más que simples dolores de cabeza: podían durar tres o cuatro días y eran tan debilitantes que Aadya tenía que permanecer en una habitación a oscuras hasta que cesaran.

En el momento en que Aadya se acercó a mí, sus migrañas se desencadenaban casi todas las semanas. Aparte de que pasaba casi la mitad de su tiempo tratando de evitar cualquier estímulo para sobrevivir a esta pesadilla, también empezaba a sentirse cada vez más desesperada y deprimida al anticipar que la situación nunca cambiaría.

Por el cuestionario de admisión de Aadya, supe que había sufrido abuso físico continuo cuando era niña, y parecía plausible que hubiera un vínculo entre esto y sus migrañas. Mientras explorábamos juntos su infancia, ella describió algunos de los horribles eventos que había soportado, y noté que mientras lo hacía, su voz y sus expresiones denotaban monotonía y resignación, y tuve una fuerte sensación de que algo en su interior se había desconectado para sobrevivir.

También era obvio para mí que Aadya vivía en un estado de estrés elevado y que, claramente, también experimentaba ansiedad. Cuando le pregunté sobre su sistema nervioso en su vida actual, dijo que en definitiva sentía que día a día se activaba con mayor facilidad que el de sus amigos.

Con frecuencia se sentía muy ansiosa por cosas pequeñas y, después de alguna conmoción, su sistema tardaba mucho más de lo debido en recalibrarse y regresar a un estado de calma. Incluso cuando se sentía menos alterada, notaba que había un sentimiento constante de inquietud y de que el mundo era un lugar inseguro.

Mientras Aadya seguía hablándome, noté que lo que había sucedido en su cuerpo se hizo cada vez más evidente con el tiempo. El abuso que sufrió había sido absolutamente abrumador, y habría sido demasiado para que cualquiera, y mucho menos una niña, lo procesara. Incapaz de abandonar físicamente su entorno inseguro, Aadya hizo lo mejor que podía hacer: lo abandonó emocionalmente y se recluyó en su mente.

Una respuesta desadaptativa al estrés

Parte de la genialidad del organismo humano es que, cuando enfrentamos la amenaza de un peligro, nuestro sistema nervioso cambia de dirección para protegernos. En el caso de Aadya, esto implicó que su sistema se hiperactivara y sensibilizara ante cualquier tipo de amenaza. Esta aceleración del sistema nervioso tiene un doble propósito: prepararnos para un peligro inmediato y permitirnos desconectarnos de los sentimientos difíciles que no nos sentimos seguros de procesar.[1]

La respuesta del cuerpo de Aadya no solo había sido la mejor opción disponible para ella, sino que había sido la razón por la que sobrevivió. Sin embargo, su sobrevivencia tuvo un precio. Su sistema nervioso se había normalizado para vivir en un estado de estrés constante, y le resultaba tan familiar ser así que apenas lo notó. Eso fue hasta que las migrañas se volvieron tan intensas que no tuvo otro remedio que buscar ayuda.

Le expliqué a Aadya que el problema no eran las migrañas en sí, sino que estas eran síntoma de un problema subyacente, por el cual su sistema nervioso estaba desregulado (es decir, deteriorado, trabajando incorrectamente). Aadya vivía en lo que muchos años antes yo había nombrado una *respuesta desadaptativa al estrés.* Como suele ser el caso, el impacto de su trauma no estuvo, en definitiva, en el evento original, sino en los cambios en su respuesta al estrés y los resultados en su vida. Para comprender mejor la experiencia de Aadya, veamos la mecánica de lo que sucede en el cuerpo cuando se desencadena la respuesta al estrés.

Lucha, paralización, huida

Imagina que tú y yo vamos caminando por la calle cuando de repente vemos un enorme autobús eléctrico que se dirige directo a nosotros. En ese momento de comprensión vertiginosa de que nuestro tiempo en la Tierra podría tener un final rápido y caótico, podemos elegir responder con una de estas tres formas:

- LUCHAR: creo que ambos sabemos que eso no terminará bien, ¡puesto que los autobuses no se detienen con facilidad!
- PARALIZARNOS: de acuerdo, esta no sería mi mejor opción para este caso.
- HUIR: podríamos correr lo más rápido posible hacia la banqueta.

Cuando hablamos de afrontar amenazas en nuestra vida, sabemos que cada una de estas respuestas ha sido probada minuciosamente a lo largo de millones de años de evolución. A veces, luchar es la mejor manera de sobrevivir; otras, nuestra gracia salvadora es paralizarnos con la esperanza de que no nos hayan visto; y algunas más, necesitamos huir tan rápido como lo permitan nuestras piernas.

Ahora bien, cualquiera que sea la respuesta que elijamos, requerirá un intenso trabajo, por lo que necesitamos los recursos para hacerlo. Cuando nuestro sistema nervioso se activa en una respuesta al estrés, casi de inmediato nuestro ritmo cardiaco aumenta y la sangre comienza a alejarse de las funciones que no están basadas en la sobrevivencia, como la digestión, y fluye hacia nuestros brazos y piernas, lo que nos permite entrar en acción. Además, nuestras glándulas suprarrenales liberan una mayor cantidad de adrenalina y cortisol para impulsar a nuestro cuerpo.

Al mismo tiempo, nuestro centro emocional se desconecta porque explorar las emociones matizadas y complejas que tenemos acerca de la situación (por ejemplo, cómo nos recuerda que estamos dominados por un padre autoritario) no tiene ningún valor para nuestra sobrevivencia inmediata.

Paralizar nuestras emociones es una forma sensata de sobrevivir en ese momento, pero tiene un enorme precio a la larga. Para hacer una exploración convincente de las consecuencias que tiene para la salud el cierre o desconexión emocional a largo plazo, recomiendo el excelente libro del doctor Gabor Maté, *Cuando el cuerpo dice «no»*.[2]

El poder de la mente inconsciente

El escritor estadounidense Mark Twain dijo la famosa frase: «Tuve muchos problemas en mi vida, pero la mayoría de ellos nunca existió». Sin embargo, la verdad es aún más trágica. Verás, como mencioné con anterioridad, las investigaciones muestran que nuestra mente inconsciente no puede distinguir entre lo que es real y lo que imaginamos vívidamente.

Te daré un ejemplo. Me gustaría que cerraras los ojos e imaginaras que en tu mano izquierda sostienes un limón maduro y jugoso. Acerca el limón a tu nariz y huele su fresco aroma. Ahora imagina que sostienes un cuchillo en tu mano derecha y cortas con cuidado el limón por la mitad. Sostén la mitad del limón cerca de tu nariz y huélelo una vez más, notando cuánto más fuerte se ha vuelto el aroma. A continuación, acerca el limón hacia tu boca y dale una gran mordida.

¿Qué pasó mientras te imaginabas haciendo esto? ¿Empezaste a producir saliva y, tal vez, tuviste una respuesta fuerte y visceral al morder el limón?

El asunto es que solo estabas imaginando algo, pero tu cuerpo respondió como si fuera real.

Ahora veamos cómo funciona esto con nuestra respuesta al estrés. Así como podemos imaginar que comemos un limón y nuestro cuerpo responde como si fuera real, nuestra respuesta al estrés no necesita que se desencadene un peligro físico real. De hecho, para la mayoría de las personas, la mayor parte del tiempo, lo que desencadena su respuesta al estrés es un peligro *imaginario*.

Para agravar el problema, las investigaciones demuestran que cuando nuestra respuesta al estrés está activada, es más probable que percibamos como peligrosa una situación que no es amenazante.[3, 4] En cierto grado, tenemos un sesgo confirmatorio cuando buscamos peligros y amenazas y los encontramos, aunque no estén ahí. Entonces, una vez que nos acostumbramos a mantener una respuesta al estrés, de alguna manera, esta se alimenta a sí misma.

Sistema sobrecargado

La respuesta al estrés de nuestro cuerpo está diseñada para responder a factores estresantes agudos y de corto plazo. Para lo que no está hecha es para el estrés crónico y continuo que últimamente muchos experimentamos en nuestra vida diaria.

Desde que nos levantamos de la cama hasta que nos volvemos a acostar, nos encontramos con microdetonantes en todas partes: desde las redes sociales y el ciclo de noticias de 24 horas hasta el ritmo frenético de la vida moderna y el estresante recorrido hacia el trabajo y de regreso. Con el tiempo, nuestro sistema nervioso se sobrecarga por las demandas constantes que se le imponen, razón por la cual hay tantas investigaciones que demuestran la relación entre el estrés crónico y todo, desde dolor crónico hasta problemas para dormir, ansiedad, depresión y fatiga crónica.[5-10]

¿Qué es el equilibrio homeostático?

Si bien todo resulta muy interesante, hay una pieza crucial a la hora de comprender las cuatro etapas, o ECOS, del trauma. Verás, cuando desencadenamos de modo constante nuestra respuesta al estrés, nuestro cuerpo va aprendiendo que esto es lo normal y, por lo tanto, hace adaptaciones para convertirla en nuestro punto de referencia o nuevo equilibrio homeostático.[11, 12]

El cuerpo tiene todo tipo de equilibrios homeostáticos, desde la presión arterial y la temperatura hasta los ritmos circadianos, que gestionan nuestros niveles hormonales en función de nuestros horarios habituales de sueño y vigilia. El término *homeostasis* se deriva de dos palabras griegas que significan «igual» y «estable» y, en cierto sentido, nuestro equilibrio homeostático es la forma que tiene el cuerpo de mantener todo igual y estable, para respaldar un funcionamiento continuo, consistente y confiable.

Nuestro equilibrio homeostático nos permite sentirnos seguros y estables y está fuertemente influenciado por cualquier estado en el que vivamos de forma normal. Sin embargo, el problema es que la exposición repetida a desencadenantes traumáticos y nuestra incapacidad para regular nuestro sistema nervioso hacen que nuestro equilibrio homeostático cambie.

Con el tiempo, nuestro cuerpo se adapta a un estado de alto estrés y lo normaliza; asimismo, trabaja para mantener y sostener este nivel como si fuera normal. Esta es una respuesta desadaptativa al estrés (una respuesta al estrés que se normalizó en un nivel de máxima alerta y que, por lo tanto, se desadaptó).

El resultado es que nuestro cuerpo ahora está trabajando para mantener cierto grado de estrés. De hecho, si intentamos calmar nuestro sistema en el corto plazo, tan pronto como dejemos de hacerlo, regresará al grado más alto de excitación que habíamos aprendido que era normal. Al experimentar estrés continuo en nuestra infancia, sin duda, estamos preparando un cambio en nuestro equilibrio homeostático que puede definir nuestra vida adulta.[13-16]

También vale la pena señalar que el peligro de vivir así es que se convierta en una profecía autocumplida. Aprendemos que la seguridad resulta de mantener esta respuesta desadaptativa al estrés, porque a pesar del precio que pagamos por hacerlo, notamos que sobrevivimos a los golpes y rasguños de la vida, y nuestro sistema aprende que esto debe ser el resultado del estado en el que vivimos, sin importar si es cierto o no. Puede resultar demasiado incómodo, pero nuestro inconsciente cree que funciona.

Y así, mientras más ansiedad tenemos, más justificada e intensa se vuelve nuestra respuesta al estrés. Como una fuente de energía que se genera a sí misma, cuanto más ansiosos estamos, más nos arraigamos en esta respuesta.

Una respuesta desadaptativa al estrés y nuestro cuerpo físico

El impacto del estrés sostenido en nuestro cuerpo físico (desde el sistema inmunológico hasta el sistema digestivo y desde las hormonas hasta el sistema nervioso) ha sido muy bien documentado por la ciencia moderna. Por ejemplo, el campo de la psiconeuroinmunología (PNI) estableció que el estrés psicológico altera la interacción entre los sistemas nervioso e inmunológico. Se ha demostrado que la desregulación inmunitaria inducida por el estrés es lo suficientemente importante como para tener consecuencias en la salud, incluida la reducción de la respuesta inmunitaria a las vacunas, la ralentización de la cicatrización de heridas, la reactivación de virus latentes de herpes, como el virus de Epstein-Barr (EBV), y el aumento del riesgo de enfermedades infecciosas más graves.[17-20]

Una respuesta desadaptativa al estrés y nuestro cuerpo emocional

Cuando nuestro cuerpo emocional funciona de una forma natural y saludable, somos capaces de procesar nuestras emociones tal como nuestro sistema digestivo procesa los alimentos. Se realiza en cuatro etapas:

- MASTICAR: tal como lo hacemos con la comida, masticamos nuestras emociones. Aquí es donde nos sentamos y hablamos con las situaciones intencionalmente, con lo que se fragmentan un poco y se vuelven más manejables.
- DIGERIR: así como nuestro estómago descompone los alimentos, nuestro cuerpo emocional comienza a separar nues-

tras emociones para empezar el proceso de trabajarlas. Nos permitimos sentirlas en verdad, lo que puede resultar un poco intenso al principio, pero si persistimos con la experiencia, nuestras emociones se movilizan y evolucionan.

- ABSORBER: nuestro intestino delgado extrae las bondades o los nutrientes de nuestros alimentos y nosotros hacemos lo mismo con las emociones. Tomamos los aprendizajes que nos alimentarán y nutrirán, incluso si son emociones dolorosas.
- EXPULSAR: cuando los nutrientes de los alimentos ya se extrajeron, excretamos los desechos. Lo mismo ocurre con nuestras emociones: una vez que absorbimos lo que necesitamos, es hora de expulsar lo innecesario y continuar adelante.

Cuando este proceso no funciona correctamente, se genera un problema. Así como el estrés causa enfermedades digestivas en nuestro cuerpo físico, cuando entramos en una respuesta desadaptativa al estrés, somos incapaces de procesar nuestras emociones y estas se quedan atrapadas en nuestro cuerpo emocional.

Cómo una respuesta desadaptativa al estrés impide la sanación

En mi labor con enfermedades crónicas, una de las frases que uso con más frecuencia es «Para que nuestro cuerpo sane, tiene que estar en un estado de curación». En este contexto, me refiero a nuestro cuerpo físico, pero lo mismo aplica para nuestro cuerpo emocional. Mantener una respuesta desadaptativa al estrés nos impide lograr la curación que necesitamos. Para abrirnos, digerir y metabolizar nuestras emociones, primero debemos aprender a calmar y restablecer nuestro sistema nervioso.

Además, no es posible encontrar la sensación de seguridad que tanto buscamos cuando nuestro cuerpo está repleto de hormonas del estrés, cuando nuestra mente funciona al doble de la velocidad que necesita y cuando estamos atrapados en un estado de tensión constante. Finalmente, la seguridad es una sensación que existe en nuestro cuerpo, y no un estado mental ni de nuestro sistema nervioso. Y vista así, no puedes alcanzar una *sensación* de seguridad solo *pensándola.* Por favor, lee esto de nuevo: No puedes alcanzar una SENSACIÓN de seguridad solo PENSÁNDOLA.

El circuito de la seguridad

Regresemos por un momento a la historia de Aadya. La razón por la que se sentía tan dolorosamente estancada era porque todas las formas que ella conocía para salir de su ansiedad implicaban pensar más y a mayor velocidad, y cuanto más lo hacía, más probabilidades tenía de sufrir una migraña.

Tal como cualquiera en este estado, Aadya había intentado pensar en todos los resultados y escenarios posibles y, como la joven brillante que era, se le ocurrieron muchos. Este dilema es lo que yo llamo *el circuito de la seguridad.* Mientras más inseguros nos sentimos, más se aceleran nuestra mente y nuestro sistema nervioso para intentar protegernos; cuanto más nos desconectamos de nuestro cuerpo y nos perdemos en los reinos de nuestra mente, más inseguros terminamos sintiéndonos. Y más nos alejamos de la sensación de seguridad que necesitamos.

Para construir una sensación de seguridad corporal, debemos aprender a desactivar nuestra respuesta desadaptativa al estrés, restablecer nuestro equilibrio homeostático y entrenar a nuestro sistema nervioso para que alcance un estado de sanación. Con un sistema nervioso más tranquilo, encontraremos en nuestro cuerpo la *sensación* de seguridad que buscamos.

¿VIVES EN UNA RESPUESTA DESADAPTATIVA AL ESTRÉS?

Para ayudar a sentar las bases que restablezcan tu sistema nervioso, me gustaría dedicar algún tiempo a explorar su estado actual. Recuerda que el objetivo de esto es comenzar a generar la sanación y el cambio, y el conocimiento puede ayudarnos a hacerlo. Piensa en las siguientes preguntas y luego respóndelas en la hoja de trabajo respectiva (disponible en inglés) en <www.alexhoward.com/trauma>.

- ¿Te sientes con frecuencia «desconectado» y como si no pudieras relajarte?
- ¿Tienes dificultad para dormir?
- Cuando logras relajarte, ¿te sientes agotado con frecuencia?
- ¿Tu mente se acelera?
- ¿Te descubres repitiendo conversaciones en tu mente una y otra vez?
- ¿Pasas mucho tiempo pensando en posibles escenarios futuros?
- ¿Te sientes agotado cuando estás con otras personas?

Si respondiste de forma afirmativa a alguna de estas preguntas, es muy probable que tu sistema nervioso necesite ayuda para calmarse y restablecerse. También puedes notar que en diferentes momentos del día estás más agitado que en otros, y que ante personas y situaciones específicas es mucho más probable que se desencadene.

El cambio es posible

Al trabajar conmigo aplicando el modelo RESET, que exploraremos más adelante, Aadya pudo restablecer su equilibrio homeostático y casi de inmediato notó una reducción en la frecuencia e intensidad de sus migrañas. Más tarde, cuando trabajamos en equilibrar los patrones de «perfeccionista» y «triunfadora», que se habían convertido en sus estrategias para intentar ganarse el amor (aprenderás sobre estos patrones de personalidad en el capítulo 8), sus migrañas desaparecieron casi por completo.

Este es nuestro siguiente objetivo: comprender las estrategias que has desarrollado en tu vida para intentar lidiar con los resultados de tu trauma.

CAPÍTULO 6

Los resultados de tu trauma

Cuando conocí a Fergus, tenía veintitantos años y batallaba con el síndrome de fatiga crónica (SFC). Era un joven simpático con un encanto sutil y un vivo sentido del humor, estaba usando su fuerte intelecto para profundizar en los aspectos biomédicos de la fatiga y trabajando duro para encontrar un camino hacia su recuperación.

Como no quería dejar ningún cabo suelto, Fergus comenzó a trabajar conmigo en el aspecto psicológico de su sanación. Aunque estaba seguro de que su enfermedad estaba en su cuerpo y no en su mente, su investigación había demostrado que la mente, las emociones y el cuerpo están vinculados de manera profunda.

Desde nuestra primera sesión, me resultó obvio que Fergus no estaba conectado consigo mismo en el aspecto emocional. Le era sencillo realizar ejercicios prácticos para ampliar la conciencia de sus pensamientos, y todo lo que implicaba fuerza de voluntad o esfuerzo no era un problema para él. Pero, cuando se trataba de bajar la velocidad y conectarse con sus emociones, parecía que le pedía resolver el teorema de Pitágoras.

Como exploraremos más adelante, existen diferentes defensas y estrategias que utilizamos para aprender a no sentir nuestras emociones. Para Fergus, esto implicaba estar siempre ocupado, utilizando su mente para analizar y distanciarse de lo que sentía. Aunque su intelecto era una herramienta valiosa en su vida cotidiana, corría el peligro de convertirse en un mayor obstáculo para conectarse con su corazón y sus emociones.

Paralización emocional

Deseando comprender con mayor profundidad los orígenes de la desconexión emocional de Fergus, en una sesión le pregunté sobre su infancia y lo que le habían enseñado sobre sus sentimientos. Me dijo que cuando tenía 8 años lo enviaron a uno de los mejores internados del Reino Unido, frecuentado por la realeza británica y las altas esferas de la sociedad.

Fergus no provenía de una familia rica, por lo que las cuotas escolares por sí solas habían sido una fuente de considerable presión financiera para sus padres. Pero era una carga que estaban dispuestos a soportar porque sus hijos eran lo más importante en su vida y querían darles el mejor comienzo posible.

Para los padres de Fergus, enviar a su hijo a un internado fue un acto de amor, pero él lo vivió como un supremo rechazo. Además de que los 8 años es una edad muy temprana para separar a un niño de sus padres durante meses, Fergus también era particularmente sensible. Durante sus primeras semanas en la escuela, lloraba todas las noches hasta quedarse dormido, anhelando el consuelo y el apoyo de su madre. En otras palabras, anhelaba satisfacer su necesidad emocional de amor.

Esto ocurrió en la época anterior a los celulares y el correo electrónico, y el único medio de comunicación que se les permitía a los niños era una carta cada cierto número de semanas. Fergus contó los días hasta poder escribir su primera carta, convencido de que una vez que su madre se diera cuenta de lo infeliz que era, lo dejaría volver a casa.

Sin embargo, Fergus desconocía que en la escuela examinaban las cartas antes de enviarlas, y al día siguiente su profesor responsable lo llamó a solas y lo instruyó para que reescribiera su carta, ya que el contenido podría ser demasiado perturbador para su madre. Al ver perdido su único salvavidas para el consuelo que con tanta desesperación anhelaba, Fergus se dio cuenta de que tenía una posibilidad: podía seguir llorando hasta quedarse dormido todas las noches y vivir en el infierno emocional que era su vida, o podía clausurar sus emociones; optó por lo segundo.

Los profesores de la escuela de Fergus promovían con firmeza las virtudes de ser «duro» y no mostrar las emociones; como parte de la generación que había crecido en la Gran Bretaña de la posguerra, valoraban el estoicismo y, si Fergus quería sobrevivir, tenía que seguir su ejemplo. Dicho de otra manera, le enseñaron el tipo de fortaleza equivocado y aprendió que no era seguro mostrar sus emociones.

Cuanto más acallaba sus emociones y su vulnerabilidad, más prosperaba Fergus en la vida escolar, y cuando al fin llegaron las vacaciones, había practicado tanto que se sentía orgulloso de mostrarles a sus padres lo «fuerte» que se había vuelto. Estaba en camino de convertirse en un hombre desconectado emocionalmente antes de que su edad alcanzara los dos dígitos.

Y cuanto más se desconectaba Fergus de sus emociones, más aprendía a recluirse en su mente como un lugar de consuelo. Aprendió que las emociones son un signo de debilidad, que los pensamientos son mejores que las emociones y que, si se desmoronaba a nivel emocional, nadie estaría ahí para sostenerlo.

Fergus tuvo un buen desempeño académico y continuó desarrollando sus habilidades de razonamiento intelectual por encima de su sensibilidad emocional. El único indicio de aquel dolor emocional que sepultó era su agresividad en el campo de rugby, deporte que le sirvió como un bendito escape para su ira y su dolor.

Cómo nuestras defensas se convierten en nuestra prisión

Mientras Fergus contaba su historia, apenas si mostró una pizca de emoción; parecía que hablaba de otra persona. En cierto nivel, sabía que lo que revelaba era significativo, pero estaba desconectado casi por completo del impacto emocional de la vida que describía.

Mientras más hablaba Fergus, más claro quedaba que retirarse en su mente había sido una forma de defenderse contra sus verdaderos sentimientos y emociones. El problema era que la fortaleza que había construido alrededor de su corazón se había convertido en una prisión. Los muros que había forjado para dejar al mundo afuera lo mantenían atrapado.

Además, no podemos cerrar nuestro corazón selectivamente. Si nos permitimos sentir amor, corremos el riesgo de sentir la pérdida. Entonces, al cerrar su corazón al dolor, la añoranza y la tristeza, Fergus también estaba cerrando su corazón al amor, la alegría y la capacidad de sentir una conexión emocional con los demás. La consecuencia fue que mucho antes de tener problemas de salud, Fergus había batallado con la intimidad emocional, sobre todo en las relaciones amorosas. Alejaba a las personas y no se permitía ser vulnerable; por lo que el resultado fue que, aunque anhelaba tener una relación a largo plazo, parecía carecer de la capacidad para hacerlo.

Veamos la situación de Fergus en el contexto de las cuatro etapas, o ECOS, del trauma. Cuando era niño, había sufrido el evento traumático de ser separado de sus padres antes de estar listo, y la separación en sí misma implicó la privación del amor que necesitaba.

Además, Fergus se había acostumbrado a tener, en el fondo, una sensación constante de ansiedad y la convicción de que el mundo no era un lugar seguro; es decir, su equilibrio homeostático había cambiado.

Sin embargo, el evento no fue lo más dañino para Fergus, sino las *creencias* y los *comportamientos* que había aprendido de él y que más adelante habían resonado en todas las áreas de su vida. Cuando aprendemos que nuestras emociones no son seguras y que no son bienvenidas, estas no se limitan a establecerse como creencias a corto plazo, sino que se convierten en nuestro sistema operativo de por vida.

Por supuesto, estas creencias no surgen de forma aislada; por lo general, el entorno que nos rodea influye en gran medida, lo cual está fuera del alcance de los profesionales de la salud a los que muchos de nosotros acudimos en busca de orientación. Para ayudarte a entender esto, permíteme compartir una breve descripción de las raíces de la psicología moderna...

Una breve historia de la psicología moderna

La mayoría de los expertos atribuye el inicio de la psicología tal como la conocemos al filósofo estadounidense William James, de finales del siglo XIX. Aunque el trabajo de James fue en verdad innovador en aquel entonces, opinaba que la emoción es el resultado de nuestra percepción mental del entorno. Dicho de otra manera, la emoción es un producto de nuestra mente pensante, no una entidad viviente en sí misma, con su propia sabiduría y sus sensibilidades.

Unas décadas más tarde, llegó el gran Sigmund Freud, un neurólogo austriaco que fundó la teoría psicoanalítica. Aunque Freud también hizo algunas contribuciones de enorme importancia para nuestra comprensión de la condición humana, desde el psicoanálisis vio las emociones como un subproducto de nuestra rebelde mente inconsciente. Es decir, debíamos sospechar de ellas, en lugar de nutrirlas y recibirlas.

En respuesta a la preocupación de Freud por el mundo rebelde e indomable del inconsciente, a mediados de la década de 1950 se impuso un enfoque psicológico más pragmático con el modelo de la psicología conductual. Inspirados por los famosos experimentos de Pávlov, cincuenta años antes, con sus desafortunados perros, los psicólogos conductuales intentaron reducir la condición humana a nuestras reacciones predecibles y manipulables ante el complejo mundo que nos rodea.

En la década de 1960, la comprensión de que el mundo que habitamos no es tan simple dio origen a la psicología cognitiva. Los psicólogos cognitivos plantearon la cuestión fundamental de que dos personas pueden estar expuestas al mismo estímulo y, sin embargo, mostrar una respuesta muy diferente. Se enfocaron en lo que llamaron la misteriosa *caja negra* entre el estímulo y la respuesta, e intentaron explicar la experiencia humana mediante nuestros procesos de pensamiento lógico.

En la década de 1980, se produjo un aparente milagro en el mundo académico cuando la psicología conductual y la psicología cognitiva, hasta entonces enemigas, tomaron un respiro y se dieron cuenta de que tal vez ambas tenían razón. Así nació la terapia cognitivo-conductual (TCC) y desde entonces ha sido el enfoque psicológico predominante. La TCC consiste principalmente en utilizar el pensamiento racional para cambiar nuestros pensamientos y comportamientos, sin preocuparse mucho por los sentimientos y las emociones.

Relegar el corazón

Ahora bien, aunque en definitiva creo que la TCC tiene sus méritos, la enorme y desproporcionada cantidad de dinero destinada para investigación no se comprara a la que reciben otros enfoques psicológicos, lo que solo ha servido para asumir la suposición de que es el único eficaz. Además, la TCC también pasa por alto un punto fundamental: los seres humanos somos mucho más que nuestra mente.

La palabra *psicología* se deriva de la palabra griega *psique*, que significa «vida» o «aliento». Algunos otros significados derivados de la palabra incluyen «yo» o «alma». Mi definición preferida dice que la psicología es, en última instancia, el estudio del alma. En este sentido, el excelente progreso que ha logrado la psicología tradicional en el estudio de la mente ha pasado por alto que esta es solo una pequeña parte de nuestra amplia experiencia. ¿Y nuestro corazón? ¿Nuestros sentimientos? ¿Nuestras emociones? ¿Se pueden reducir todos estos a nuestras cogniciones racionales (o incluso irracionales) sobre el mundo que nos rodea?

Por supuesto, tiene sentido el enfoque de la psicología tradicional: es producto de instituciones académicas que valoran el intelecto, el razonamiento y la lógica por encima de todo. En años más recientes, el *Manual Diagnóstico y Estadístico de los Trastornos Mentales* (DSM-V) de la American Psychiatric Association ha recibido críticas por haber sido influido por la industria farmacéutica,[1, 2] por patologizar reacciones saludables ante acontecimientos de la vida y por su insensibilidad cultural a las experiencias de las mujeres y de las personas de culturas marginadas.[3, 4]

De hecho, puede que te sorprenda saber que la tercera versión del DSM en la década de 1970 (en la que todavía se basan ediciones posteriores) fue producida por un grupo muy pequeño de psiquiatras varones blancos que celebraron una serie de reuniones y votaron sobre lo que consideraban «normal».[5] Estuvo muy lejos de ser un proceso en verdad científico, inclusivo o representativo en el aspecto cultural.

¿Cuándo fue la última vez que escuchaste a alguien hablar de los anhelos y deseos del corazón en un aula universitaria? Durante los años que estudié psicología, lo más cerca que estuvo un profesor de explorar las emociones fue cuando describía los diversos signos de paranoia y enfermedades mentales.

Positividad tóxica

No solo el campo de la psicología ha contribuido a relegar el corazón y las emociones a una nota menor en la historia de nuestra vida; gran parte del movimiento de la psicología popular ha seguido un rumbo similar. Con frecuencia, las emociones se dividen en dos categorías: «positivas» y «negativas», por lo que el objetivo suele ser: ¿cómo podemos sentir más emociones positivas, como la felicidad y el entusiasmo, y menos emociones negativas, como la tristeza y la ansiedad?

Como veremos más adelante, en realidad todas las emociones son *positivas* porque todas nos comunican algo importante y merecen que las presenciemos y experimentemos. La constante priorización de las emociones «positivas» tiende a ir acompañada de una actitud general de buscar solo «lo positivo» o «buenas vibras». En algunos círculos, llaman a esto *positividad tóxica*, y creo que tienen razón. Del mismo modo que la comida chatarra daña nuestro cuerpo físico, la positividad tóxica puede dañar nuestro cuerpo emocional.

No estoy sugiriendo que debamos hundirnos en nuestras emociones y quedarnos atrapados en ellas; sin embargo, necesitan que se les permita moverse a través de nosotros, como lo describí en el capítulo anterior, porque rechazar grandes porciones de nuestro rango emocional nos causa un mundo de dolor y es muy posible que también a quienes nos rodean.

Supresión emocional

A estas alturas, sin embargo, se te perdonaría que pensaras «¿Cómo diablos es posible que grandes sectores de la sociedad solo ignoren los llamados de su corazón para, en efecto, inscribir su vida emocional a un purgatorio eterno?».

Bueno, en realidad, lo que sucede es que las emociones no se evaporan ni desaparecen (ojalá la vida fuera así de simple). En cambio, se suprimen en nuestro inconsciente, lo que significa que son una parte viva de nuestra experiencia, pero somos incapaces de conectarnos con ellas y comprenderlas.

Como mencionamos en el capítulo 2, todos vamos por la vida con un costal negro metafórico que contiene todos los traumas y las emociones de nuestras experiencias que no hemos procesado ni digerido. Si todo en nuestra vida va según lo planeado y no nos exponemos a más conmociones o traumas, es posible que podamos funcionar con relativa facilidad (o al menos así parece en la superficie). Pero cuando algo nos lleva más allá de nuestros límites de afrontamiento, o experimentamos una conmoción, ese costal negro se abre y ocurre una explosión de traumas y emociones sin procesar. Y luego, una vez que nos desahoguemos, lo más probable es que el costal vuelva a sellarse.

Cuanto más reprimimos y alejamos nuestras emociones, más peligrosas son para nuestra vida, como una sustancia tóxica que pudre y devora todo lo que valoramos.

A veces, el dolor emocional no procesado se expresa como dolor físico. De hecho, existe un creciente conjunto de pruebas que demuestran la relación entre el dolor crónico y el trauma infantil, por ejemplo.[6-10] De niños, cuando no procesamos nuestro dolor emocional, este se mantiene en nuestro cuerpo como dolor físico en nuestro futuro. Algunas personas experimentan su desconexión emocional en la ansiedad que proviene de vivir en su mente.

Y mientras más rechazamos nuestras emociones, más determinan los colores del lente con el que vemos el mundo que nos rodea. De hecho, no lo apreciamos como en realidad es, sino a través del lente de nuestras creencias y los significados que hemos creado.[11] Para sanar de verdad los impactos emocionales de nuestro trauma, primero debemos comprender las creencias y los significados que oscurecen nuestra capacidad de vernos a nosotros mismos y al mundo con claridad.

El impacto de nuestras creencias

Se cree que, en un momento dado, nuestra mente consciente puede trabajar con alrededor de siete datos.[12, 13] Por ejemplo, en este momento mi mente se concentra en las palabras que estoy escribiendo y en cómo encajan con el enfoque del capítulo; soy consciente de que mis perros duermen a mi lado (¡y uno de ellos ronca!); puedo sentir cierta presión interior para escribir la cantidad de palabras que me propuse hoy; y estoy escuchando *rock* con mayor volumen de lo que probablemente debería. En este momento, está sucediendo mucho más de lo que podría ser consciente pero no lo soy, como el cambio en la intensidad de la luz y la temperatura refrescante cuando la tarde cae, y la rigidez en mi espalda baja por estar sentado todo el día. Más aún, se estima que cada segundo recibimos alrededor de 11 millones de datos de nuestros sentidos.[14] De ellos, nuestro cerebro captura cuarenta o cincuenta, y nuestra memoria de trabajo solo puede retener y procesar siete a la vez. Para manejar la compresión necesaria para lograrlo, nuestro cerebro utiliza atajos mentales, que a menudo conducen inconscientemente a malas decisiones o sesgos cognitivos (que es cuando vemos un limitado conjunto de datos influido por nuestra perspectiva).[15-17]

Así, dado que nuestra mente consciente tiene un ancho de banda suficiente solo para siete elementos, necesitamos priorizar en qué nos enfocamos, y ese es el servicio que nuestras creencias nos brindan: nos brindan un atajo crítico. Nuestras creencias son como un mapa que nos ayuda a navegar por el complejo y abrumador mundo que nos rodea.

Un ejemplo de cómo se desarrollan las creencias es el siguiente: cuando somos pequeños y aprendemos a caminar, pronto encontraremos la maravilla de la puerta. Al principio, las puertas parecerán un misterio mágico: a veces están abiertas, otras cerradas. Luego descubrimos que podemos empujar o jalar para abrirlas y cerrarlas. Sin embargo, una vez que ya aprendimos cómo se abren las puertas, ya sabemos lo que son y entonces podemos usarlas.

Con el paso del tiempo, nos daremos cuenta de que a veces las puertas no se abren y que necesitamos una llave. Tarde o temprano, descubriremos que hay puertas corredizas frente a las puertas con bisagras. Pero, mientras más aprendemos, actualizamos y desarrollamos nuestro aprendizaje interno sobre las puertas, si me disculpas el lugar común, más puertas se nos abrirán.

Día de la marmota emocional

Veamos esto en el contexto de la historia de Fergus. Cuando él era niño, sufrió un intenso dolor emocional que no le permitieron sentir, por lo que, para sobrevivir a una experiencia emocional muy angustiosa, aprendió a suprimir sus sentimientos. Asumió la creencia de su entorno de que *sentir las emociones es peligroso y de débiles*, y a partir de ese momento, se convirtió en el lente a través del cual percibía el mundo.

Date cuenta de que Fergus no aprendió una creencia más matizada, por ejemplo: «si quieres sobrevivir en un internado inglés rígido, necesitas suprimir tus emociones. Sin embargo, en el fondo, tus sentimientos son importantísimos y totalmente válidos, y el problema está en el entorno, no en ti». De haber sido así, el impacto habría sido mucho menor.

Como hemos mencionado varias veces, el verdadero trauma del evento no fue el evento en sí, sino el establecimiento de la programación en Fergus que, veinte años después, le estaba provocando una profunda infelicidad y sufrimiento en numerosas y diversas áreas de su vida. Debido a las creencias que había aprendido, Fergus vivía un emotivo Día de la Marmota (como en la película *Hechizo del tiempo*), y recreando su propio trauma día tras día.

Los dos tipos de creencias

Las creencias se pueden clasificar en dos categorías. La primera considera las creencias de consecuencia, que son aquellas en las que asumimos que una cosa es resultado de otra. Los ejemplos incluyen: «Si muestro mis emociones, la gente me rechazará» y «Si pido ayuda, la gente se reirá de mí». La segunda categoría comprende las creencias globales, que son creencias generalizadas sobre el mundo que nos rodea (no olvides que reducimos 11 millones de datos del mundo a siete). Los ejemplos incluyen «La mayoría de las personas son malas» o «El mundo es un lugar aterrador».

Cada uno de nosotros tiene numerosas creencias globales y de consecuencia sobre nosotros mismos, nuestros sentimientos, otras personas y el mundo que nos rodea. Ahora bien, no todas las creencias son erróneas y algunas de ellas pueden ser más o menos precisas. Sin embargo, no tendremos idea de cuáles son cuáles hasta que pasemos por un proceso cuidadoso de examinación y reflexión de estas creencias, porque la realidad es que fueron creadas por impulso, como respuesta a situaciones abrumadoras y complejas que no entendíamos en su momento.

Para comenzar el proceso de relajar el arraigo de algunas de tus creencias, debemos identificar en primer lugar cuáles son. Una frase que uso con frecuencia es «Si puedes verlo, no tienes que serlo». Dicho de otra manera, el solo hecho de nombrar una creencia muchas veces inicia un proceso de cuestionamiento, lo que puede ayudarnos a tomar una decisión consciente sobre si queremos o no continuar relacionándonos con nosotros mismos y con el mundo que nos rodea a través de esa perspectiva.

¿QUÉ CREES ACERCA DE TUS EMOCIONES?

Ya que hemos explorado el enorme impacto de nuestras creencias, es hora de profundizar en algunas de las tuyas. Veamos, ¿qué crees acerca de las emociones y su lugar en tu mundo? Escribe al menos tres creencias de consecuencia y tres creencias globales con las que te identifiques. Para ayudarte, te brindo algunos ejemplos comunes de cada tipo. Es posible que descubras que algunas te parecen verdaderas o que tienes creencias diferentes.

Creencias de consecuencia

- Si siento mis emociones, me voy a desmoronar.
- Si soy vulnerable, la gente se aprovechará de mí.
- Si pido lo que necesito, saldré lastimado.

Creencias globales

- Las emociones son un signo de debilidad.
- Las personas son egoístas por naturaleza.
- Todos los hombres/mujeres/personas son crueles y quieren hacerte daño.
- La lógica es superior a las emociones.

Una vez más, si te sientes conmocionado y más vulnerable después de ver lo que escribiste como respuesta a esta pregunta, sé amable contigo mismo. Más adelante buscaremos formas de cambiar y desafiar estas creencias.

Cómo nuestras creencias se convierten en nuestra personalidad

A medida que desarrollamos gradualmente diversas creencias sobre nosotros mismos y el mundo que nos rodea durante la niñez y las siguientes etapas, estamos configurando y programando con eficacia nuestras formas predeterminadas de ser y responder en la vida.

Quizá aprendamos que ser amados por los demás es la consecuencia de nuestros logros, por lo que ser triunfadores se convierte en nuestro enfoque principal en la vida. O tal vez lo que concluimos de la infancia es que el secreto para estar seguros es controlar todo y a todos los que nos rodean, de modo que una necesidad constante de mantener el control se va filtrando en cada aspecto de nuestra vida.

En cierto sentido, estos grupos de creencias comienzan a formar las maneras básicas en que nos relacionamos con nosotros mismos y con el mundo que nos rodea. En el capítulo 8 veremos algunos de los patrones clave de personalidad que pueden perpetuar nuestros ciclos traumáticos. Sin embargo, primero exploraremos el modelo RESET para sanar los impactos de tu trauma.

PARTE II

LA SOLUCIÓN **RESET** PARA SANAR EL TRAUMA

Introducción

En la primera parte exploramos el modelo ECOS para comprender los orígenes de tu trauma. Espero que haya sido de ayuda para entenderte de una nueva forma tanto a ti mismo como a tu historia. En esta parte del libro veremos el modelo RESET para sanar los impactos de tu trauma restableciendo tu sistema nervioso.

El modelo RESET ha estado en el centro de mi trabajo con el trauma en sus múltiples variables durante las últimas dos décadas. Tomó su forma tanto del enorme banco de aprendizajes que provienen de los profesionales que trabajan con miles de pacientes en The Optimum Health Clinic como de los cientos de graduados que se han formado como especialistas en nuestro Therapeutic Coaching® y de las miles de personas con las que han trabajado.

El modelo RESET ha sido diseñado con gran cuidado para garantizar que sus herramientas y estrategias estén secuenciadas en el orden correcto. Por ejemplo, antes de trabajar para procesar y sanar tu trauma, primero debemos asegurarnos de que cuentes con las bases adecuadas. Cada paso de la secuencia RESET es importante y saltarse alguno a menudo ralentiza el viaje de sanación en lugar de acelerarlo.

De hecho, una de las afirmaciones más comunes de las personas cuando pasan por mi RESET Program® en línea es que por fin comprenden cómo las intervenciones anteriores habían empeorado su situación en lugar de mejorarla y que por ello ahora necesitan secuenciar su sanación para garantizar que funcione.

RESET: Cinco pasos para restablecer tu sistema nervioso

A continuación presentamos un panorama de los cinco pasos del modelo RESET, los cuales analizaremos con detalle en los siguientes capítulos:

1. Reconocer

¿En qué estado se encuentra tu sistema nervioso?

Recuerda lo que dije antes: «Si puedes verlo, no tienes que serlo». Para restablecer tu sistema nervioso, primero debemos hacerte consciente de su estado actual, tanto en la macroescala de reconocer si tu sistema nervioso está desregulado como en la microescala de ser consciente de lo que sucede con él día a día y momento a momento.

2. Examinar

¿Cómo se está creando este estado?

Una vez que hayas reconocido en qué estado se encuentra tu sistema nervioso en este momento, debemos profundizar más para comprender los patrones de personalidad, los pensamientos y los comportamientos que impulsan y mantienen este estado. Ya trabajaste bastante en esto en la primera parte, pero si unimos todo de formas específicas, podemos enfocarnos en cambiar estos patrones.

3. Detenerse

Reprograma tu cerebro y evita patrones de pensamiento perjudiciales

En esta etapa deben suceder dos cosas. La primera es aprender a entrenar de nuevo el sistema nervioso mediante prácticas como la meditación. La segunda es detener activamente el impulso de los patrones de pensamiento y comportamiento que mantienen tu respuesta desadaptativa al estrés. Al restablecer habitualmente tu equilibrio homeostático, con el tiempo, comenzará a cambiar hacia un estado de mayor tranquilidad.

4. Emociones

Conéctate con tus emociones y procésalas

En el caso del trauma, una de las razones por las que nuestro sistema nervioso se activa es para ayudarnos a escapar de las emociones abrumadoras sobre las cuales no tenemos la ayuda ni los recursos para procesarlas. A medida que comenzamos a entrenar de nuevo nuestro sistema nervioso para que se tranquilice, podemos volver a experimentar algunas de estas emociones, por lo que tener las herramientas y estrategias adecuadas para procesarlas es una parte fundamental para nuestra sanación profunda. Además, es esta curación la que nos permite permanecer conectados con nuestro cuerpo y nuestras emociones de una manera sana y sostenible.

5. Transformar

Cambia tu relación contigo mismo

A medida que continuamos procesando nuestras emociones, adquirimos el potencial para lograr un cambio fundamental en cómo nos relacionamos con nosotros mismos y con el mundo que nos rodea. Recuerda que las tres necesidades emocionales básicas (desarrollar un sentido interno de límites, seguridad y amor) que determinan el contexto de cómo nos impactarán los acontecimientos son fundamentales no solo para sanar el pasado sino también para aumentar nuestra resiliencia emocional en el futuro.

Una nota final

Antes de pasar al modelo RESET, hay algo más que me gustaría señalar. Si estuvieras trabajando con nosotros de forma individual en la clínica, o a través de uno de mis programas grupales o autodirigidos, te recordaríamos de modo constante que no solo escuches, sino que en verdad honres tu propia experiencia, lo que viviste. Esto es aún más importante cuando tu experiencia te comunica algo diferente a lo que yo digo en el libro.

El modelo RESET es un marco de referencia. No es perfecto y la experiencia vivida es única para cada persona. Por favor, escucha tu propia guía interior y considera que el acto de sintonizarte y responder a tu experiencia es en sí mismo una práctica curativa. Dicho de otra manera: sé que mi modelo RESET es útil para muchas personas, pero tu propia experiencia vivida importa mucho más.

CAPÍTULO 7

Reconoce en qué estado se encuentra tu sistema nervioso

Cuando era niño, la palabra ansiedad no estaba en mi vocabulario; no porque no estuviera ansioso, sino porque, un poco como un inuit que nunca ha visto un agradable día de verano, solo asumía que me sentía tal como otras personas también lo hacían.

Al recordar a mi yo más joven, hoy puedo ver muchos signos del estado de sobreexcitación en el que vivía mi sistema nervioso. Aparte de los impactos físicos del síndrome del intestino irritable y, con el tiempo, la enfermedad crónica encefalomielitis miálgica/síndrome de fatiga crónica (EM/SFC), mi estado emocional también era un constante desafío. Era hipersensible en el ámbito emocional (me fusionaba demasiado con los sentimientos de los demás) y la búsqueda de seguridad física y emocional era mucho más importante en el día a día de lo que debería haber sido. La ansiedad no era solo un estado ocasional, sino el hogar emocional en el que me había acostumbrado a vivir.

Aunque podía haberme adaptado a cómo me sentía, había pistas obvias en la superficie que daban cuenta de que mi sistema nervioso estaba funcionando a gran velocidad. Comía demasiado rápido, mi mente corría demasiado rápido y me movía demasiado rápido. Era más notorio con los demás, porque también hablaba velozmente; durante gran parte de mi infancia la gente me pedía una y otra vez que hablara más despacio y que dejara de murmurar. Por desgracia, no ayudó mucho porque, por supuesto, ya que para la mayoría de nosotros, usar nuestra voz no implica tener que modularla y controlarla de manera consciente; más bien, se reduce a reflejar el estado de ánimo en el que nos encontramos.

Por qué la conciencia es clave

Como parte de crecer en mi formación y experiencia como terapeuta, realicé varios cursos de hipnoterapia. Y cuando descubrí lo importante que es nuestra voz para la comunicación intencional (que, por supuesto, es el núcleo de cualquier proceso terapéutico eficaz), aprender a disminuir la velocidad de mi voz se convirtió en uno de mis objetivos clave.

A los pocos meses de empezar un curso de formación en hipnoterapia, nos animaron a practicar la grabación de sesiones de hipnosis y meditación guiada, en primer lugar, para acostumbrarnos al sonido de nuestra voz, pero también para recopilar comentarios de los demás sobre cómo podíamos mejorar. Sintiéndome optimista de que mis esfuerzos habían dado sus frutos y de que mi voz ya era la herramienta terapéutica que esperaba, puse manos a la obra con mi tarea.

Sin embargo, mi reacción al escuchar mis grabaciones fue un silencio bastante doloroso e incómodo. De manera deliberada disminuí la velocidad de mi voz hasta lo que consideré un ritmo calmado y relajado, pero aun así era mucho más rápido que el de la voz de una persona promedio. Tuve que reducir a la mitad la velocidad con la que hablaba y luego volver a reducirla a la mitad para sonar vagamente tranquilo.

Al principio de mi trabajo en The Optimum Health Clinic, me di cuenta de que mi experiencia estaba lejos de ser única; de hecho, era muy común. Muchas de las personas con las que trabajaba para calmar su respuesta desadaptativa al estrés no tenían idea de cuán desregulado estaba su sistema nervioso. Aunque supieran a nivel intelectual que no estaban en un estado de calma, la consistencia y la intensidad de la sobreexcitación de su sistema nervioso todavía estaban lejos de hacerse conscientes.

Recuerda, parte del brillante diseño del sistema humano es nuestra capacidad para normalizar cualquier estado que se convierta en nuestra experiencia constante. Y por eso, para ser en verdad eficaces a la hora de aprender a restablecer nuestro sistema nervioso, primero debemos ser conscientes del estado en el que se encuentra. Lo diré de nuevo: si puedes *verlo*, no tienes que *serlo*.

En el capítulo 5 comenzamos a analizar cómo una respuesta desadaptativa al estrés afectará nuestra salud física, mental y emocional. En este capítulo, nos enfocaremos en aprender a *reconocer* de verdad cuándo tu cuerpo se encuentra en un estado de respuesta desadaptativa al estrés para luego comprender qué lo desencadena.

Los tres estados del sistema nervioso

Cuando se trata de comprender los estados de nuestro sistema nervioso, es de gran ayuda el trabajo conocido como teoría polivagal (*poli* = muchos; *vagal* = errante) del doctor Stephen Porges, profesor de Psiquiatría de la Universidad de Carolina del Norte, en Estados Unidos.

En sus inicios, Porges había estado investigando el nervio vago, que conecta nuestro cerebro con la digestión y otros sistemas corporales. Se dio cuenta de que había un vacío fundamental en la investigación sobre el estrés, que se enfocaba en la respuesta al estrés activada, por medio del sistema nervioso simpático, una rama del sistema nervioso autónomo.

Sin embargo, esta respuesta al estrés activada no coincidía con la experiencia de muchas de las personas que vivían con un trauma. De hecho, para las víctimas de un trauma, una de las consecuencias más comunes es sentirse desconectadas e inmovilizadas, lo que a menudo los hace más susceptibles a nuevas experiencias negativas porque su capacidad para defenderse y luchar por sí mismas no está activada.

Dicho de otra manera, podemos estar estresados sin que se presente el estado de lucha o huida que analizamos en el capítulo 5. Incluso, nuestro estado más activo de estrés suele ser el de paralización o desconexión. Los efectos del trauma no procesado, junto con las ideas sobre cómo liberarlos, se describen en la obra fundamental *El cuerpo lleva la cuenta*, de Bessel van der Kolk.[1]

El profesor Porges continuó estudiando el sistema nervioso parasimpático, otra rama del sistema nervioso autónomo. El nervio principal del parasimpático es el vago, que tiene dos vías que se originan en diferentes áreas del tronco del encéfalo: la vía dorsal y la vía ventral.

La rama dorsal del nervio vago es evolutivamente más antigua y se comparte con la mayoría de los vertebrados. Sin embargo, el funcionamiento de la vía ventral, que es calmarnos y conectarnos socialmente, se limita a los mamíferos. El profesor Porges documentó que la rama dorsal del nervio vago, más primitiva, es responsable de que nuestro sistema nervioso se apague o se «congele» o «paralice». Según Porges, hay tres estados en los que puede encontrarse nuestro sistema nervioso: socialización, movilización e inmovilización. A continuación los exploraremos.

1. Socialización

La teoría polivagal destaca que los seres humanos somos animales sociales y que nuestro sistema nervioso está diseñado para relajarse a través de la interacción humana positiva. Así como los bebés se relajan corregulando su sistema nervioso con el de sus cuidadores, como adultos estamos programados para buscar señales de seguridad en quienes nos rodean. En cierto sentido, el contacto nutritivo con otras personas es más que una simple experiencia agradable: es un componente clave para permanecer en un estado de sanación y enviar el mensaje de relajación a nuestro sistema nervioso porque estamos a salvo.

Las experiencias positivas y reconfortantes con nuestros cuidadores principales cuando somos niños no solo nos ayudan a calmar nuestro sistema nervioso en desarrollo, sino que también establecen una base positiva para el desenvolvimiento de nuestras relaciones futuras. Además, como también le enseñan a nuestro sistema nervioso a autorregularse, podemos tranquilizarnos por nuestra cuenta cuando estamos solos.

En última instancia, cuando nuestro sistema de socialización se activa, estamos en un estado de sanación. Esto significa que podemos relajarnos con profundidad, responder adecuadamente al mundo que nos rodea y, si hay un trabajo de sanación emocional pendiente, tenemos la capacidad de hacerlo.

2. Movilización

En este estado, nos encontramos listos para la acción y preparados a nivel instintivo para afrontar el peligro. Podemos hacerlo luchando en su contra o huyendo de él. En un estado agudo de lucha o huida, es posible que seamos conscientes de las hormonas del estrés que inundan nuestro sistema, como la adrenalina y el cortisol, porque nos harán sentirnos preparados o movilizados para la acción. Dependiendo de la naturaleza de la situación, en lo emocional podemos percibir excitación y sentirnos llenos de energía si el estrés es positivo, y temerosos y en peligro, si no lo es.

Cuando nos encontramos en un estado crónico de lucha o huida (como en la experiencia que describí al comienzo del capítulo), es probable que hayamos normalizado dicho estado. Lo problemático de esto, en particular, consiste en que, aunque sus impactos negativos en nuestro cuerpo están ahí, no somos conscientes del estado que los provoca. En momentos así, la concientización de la que hemos estado hablando es muy importante porque nos permite trabajar en calmar esta respuesta.

3. Inmovilización

Cuando un animal se encuentra bajo una amenaza extrema, a veces luchar contra la amenaza o huir de ella puede ser ineficaz o empeorar la situación. Por ejemplo, imagina a un conejo en su hábitat que de repente ve un lobo en la distancia. El conejo no tiene posibilidades de ganar en una pelea con el lobo y, aunque podría ganar la carrera si huye, es una jugada arriesgada. En cambio, después de reflexionar, colapsa y aparenta estar muerto para mostrar que no es de interés ni representa amenaza alguna para el lobo y, mejor aún, con la esperanza de que ni siquiera lo note. Para el conejo, paralizarse e inmovilizarse es la mejor respuesta de sobrevivencia que tiene.

Hace años, vi un programa de televisión en vivo en el que un niño pequeño se paralizó cuando el presentador le hizo una pregunta, y casi pareció que dejaría de respirar. El anfitrión intentó obtener una respuesta de varias formas, pero no tuvo éxito hasta que los reflectores dejaron de enfocarlos y pudieron relajarse de nuevo: el niño se había paralizado como un método de autoprotección.

A veces nuestro sistema nervioso se paraliza porque es la mejor opción; otras veces lo hace por una sobrecarga de movilización. Es casi como si a nuestro sistema se le fundiera un fusible y se apagara en un intento por protegerse de mayores amenazas y peligros.

No obstante, a pesar de la falta de movimiento, con frecuencia hay una gran cantidad de energía invertida en mantener la inmovilización. Lo que puede parecer, en la superficie, un estado desprovisto de energía es en realidad un estado de intensa *demanda* de energía, que drenará aún más nuestro ya agotado sistema.

Conoce tu punto de referencia

Como habrás notado, estos tres estados del sistema nervioso tienen una secuencia. Un estado curativo de socialización es un punto de referencia saludable para el sistema nervioso; sin embargo, si algo nos estresa, nuestro punto de referencia se eleva y avanzamos hacia la movilización que, en su extremo, puede convertirse en inmovilización.

Volviendo a nuestro modelo ECOS, recuerda que uno de los principales impactos del trauma es que cambia nuestro equilibrio homeostático y, en última instancia, afecta el punto de referencia al que nuestro sistema nervioso regresa. Una parte clave del trabajo que estamos haciendo en este libro es reentrenar tu punto de referencia de regreso a la socialización y a un nivel normal de funcionamiento.

Cuando se trata de comprender tu sistema nervioso, no solo necesitas ser consciente de tu punto de referencia, sino también de las diversas formas en que te alejas de él a lo largo del día. Cuando el equilibrio homeostático de nuestro sistema nervioso cambia, no solo es más probable que tengamos un punto de referencia elevado, sino también que nos afecten personas, eventos o circunstancias con facilidad, o incluso *anticiparnos* a cualquiera de estos.

¿Cuáles son tus desencadenantes?

Aquello que conduce a estos aumentos repentinos en la activación de nuestro sistema nervioso se llaman *factores desencadenantes*. Por ejemplo, ¿alguna vez has notado que tu sistema nervioso reacciona ante algo incluso antes de que hayas pensado de forma consciente en ello? Quizá conoces por primera vez a alguien y de inmediato te disgusta y te sientes inseguro con esa persona. O estás caminando por la calle pensando en tus asuntos cuando, de pronto, tienes la sensación de que necesitas acelerar y alejarte de cierta persona.

En particular, lo interesante acerca de cómo respondemos a estos desencadenantes es que a menudo sucede más allá de nuestra percepción consciente. No es que reconozcamos que algo sucede y decidamos que es una amenaza para nosotros. Más bien, nuestro inconsciente escanea el entorno, y decide si estamos a salvo o no, mucho antes de que podamos ejercer una reflexión consciente al respecto. Esto es lo que el profesor Porges llama *neurocepción*.

Sin embargo, ¿qué crees que influye en cómo tu inconsciente determina las señales de tu entorno? Lo adivinaste: las experiencias aprendidas de tu propia historia traumática. Cuanto más trauma emocional sin procesar tengamos, más probable será que esto dé color e influya en nuestras respuestas al mundo que nos rodea. De hecho, la investigación demuestra con claridad que cuando estamos en un estado de lucha, huida o parálisis, es más probable que malinterpretemos las señales de nuestro entorno y, por ejemplo, percibamos como peligroso a alguien de expresión neutral.

En última instancia, hay un poderoso sesgo confirmatorio en nuestro inconsciente, que activamente busca y encuentra señales de peligro donde no las hay, como una forma de intentar salvaguardarnos. Esta es una de las razones por las que sanar nuestro trauma es fundamental, ya que nos permite aprender a responder al entorno de una manera saludable y adecuada una vez más.

La escala de calificación del sistema nervioso

Para resumir, en el modelo RESET, tu primer paso es *reconocer* en qué estado se encuentra tu sistema nervioso. Ahora que hemos pasado algún tiempo analizando los ingredientes clave de este, me gustaría que los identificaras en la experiencia vivida en tu propio cuerpo.

Queremos comprender más acerca de la evolución de tu sistema nervioso a lo largo de un día promedio, es decir, cuál es tu punto de referencia, cuáles son tus factores desencadenantes y cómo afectan dicho punto. Toma en cuenta que aquí estamos hablando de la vida cotidiana normal, y no de circunstancias excepcionales en las que desencadenar una reacción en nuestro sistema nervioso podría ser en verdad necesario y apropiado.

Conforme exploramos esto, es imprescindible recordar que la manera como se presenta una respuesta desadaptativa al estrés en cada persona es única. Sin embargo, existen algunos patrones y tendencias generales que pueden informar nuestra comprensión, y algunas personas consideran que para calificar su experiencia con su sistema nervioso la siguiente escala es un punto de partida útil.

Inmovilización: paralización

10. Estar por completo entumecido y desconectado.
9. Desconectado y con dificultad para tener acceso a los sentimientos.
8. Desmotivado y estancado.

Movilización: lucha o huida

7. Ansiedad intensa que evoluciona a un sentimiento de resignación.

6. Mente y cuerpo llenos de adrenalina y nerviosismo.
5. La mente está acelerada, el cuerpo se siente tenso e intenta pensar en opciones para llegar a una sensación de seguridad.
4. Sentirse agitado y tener dificultades para relajarse por completo.

Socialización: estado de sanación

3. Sensación neutra, pero con capacidad de relajarse y disfrutar el momento.
2. Tranquilo y relajado, disfrutando la compañía de los demás.
1. Profunda sensación de relajación y de seguridad dentro de uno mismo.

Mientras reflexionas sobre esta escala de calificación del sistema nervioso, si puedes encontrar una forma más fácil o precisa de calificar la propia experiencia de tu sistema, te animo a que la utilices. Se trata de ayudarte a comprender tu propia vivencia, no de intentar manipularla para que se ajuste a la de las otras personas que acabo de describir.

CALIFICA TU SISTEMA NERVIOSO DÍA A DÍA

Una vez que te sientas razonablemente familiarizado con la escala anterior, me gustaría que la apliques para calificar tu sistema nervioso en ciertos momentos del día. Sugiero hacer esta evaluación durante al menos los siguientes tres días, pero puede ser por más tiempo si te resulta útil contar con información adicional. Puedes descargar una hoja de trabajo en tu curso complementario (disponible en inglés) en <www.alexhoward.com/trauma>.

Al despertar: 1-10

Al iniciar un día activo: 1-10

A la hora del almuerzo: 1-10

A media tarde: 1-10

Temprano en la noche: 1-10

A la hora de acostarse: 1-10

Durante la noche (si te despiertas): 1-10

Toma en cuenta que aquí no hay puntuaciones correctas o incorrectas. No se trata de que te avergüences por el estado actual de tu sistema nervioso, sino de generar más conciencia para que podamos trabajar en cambiar lo que está sucediendo.

¿Qué descubriste al hacer esta evaluación? ¿Notaste que el punto de referencia de tu sistema nervioso aumentó a lo largo del día, o tal vez hubo momentos particulares en los que se presentó un aumento obvio en la activación? ¿Estuviste la mayor parte del tiempo en movilización o inmovilización, o tuviste una dosis saludable de un estado de socialización/sanación?

Por ejemplo, tal vez notaste que reaccionabas al ver a un miembro de la familia en particular o al realizar una actividad determinada, o que, a medida que te cansabas más durante el día, tu resiliencia disminuía. En definitiva, hay tantos detonantes como personas que reaccionan a ellos.

El «pódcast de ansiedad»

La buena noticia es que dondequiera que esté tu sistema nervioso en este momento, podemos trabajar juntos para restablecerlo a un nivel de funcionamiento más normal. Ampliar tu conciencia de lo que está sucediendo en el presente es un paso clave para lograrlo.

En mi experiencia, cuando las personas completan el ejercicio que acabas de hacer, por lo general dicen que no saben siquiera qué es lo que impulsa o desencadena su sistema nervioso; solo se sienten en un estado perpetuo de ansiedad que, a veces, lo consume todo. Es casi como si, independientemente del contenido en el que piensan, lo hicieran desde una perspectiva de ansiedad.

Es un poco como estar sintonizado con un pódcast en el que los invitados pueden variar, pero el tema central es siempre el mismo: la ansiedad. Cuando estamos sintonizados con el «pódcast de ansiedad», ¡lo que obtenemos es ansiedad en sus numerosas y variadas formas! Si esta es tu experiencia y tienes una sensación constante de ansiedad, a veces en segundo plano y otras en primero, no te preocupes, porque esto también es parte de lo que trabajaremos para cambiarlo.

¿Te encuentras en un estado de estrés o en un estado de sanación?

Cuando sentimos abrumado y sobreestimulado nuestro sistema nervioso, a veces, lo último que necesitamos es la complejidad de un proceso de concientización y de una práctica para generar cambios. Si te sientes así ahora mismo, o en el futuro mientras trabajas con esto, la buena noticia es que podemos resumir todo esto en una pregunta muy simple: ¿en este momento, te encuentras en un estado de estrés o en un estado de sanación? Dicho de otra manera: ¿te encuentras en un estado estresante de movilización o inmovilización, o en un estado de socialización/sanación?

Recuerda, para que nuestro cuerpo sane, tiene que estar en un estado de sanación. Ya sea nuestro cuerpo físico o nuestro cuerpo emocional, cuando se encuentra en un estado de estrés, nuestros recursos se dirigen a la exigencia de sostener este estado para mantenernos a salvo. Esto significa que esos recursos no están disponibles para nuestro funcionamiento saludable en la vida cotidiana, y mucho menos para procesar nuestra historia de trauma y realizar nuestro proceso de sanación.

Cuando nos encontramos en un estado de sanación, liberamos una inmensa capacidad de autosanación. Mientras más trabajamos para reeducar nuestro equilibrio homeostático que nos regrese a un estado de sanación, más liberamos esta capacidad. En nuestro siguiente paso para lograrlo, examinaremos algunos de los patrones de personalidad que están alejando a tu sistema nervioso de un estado de sanación.

CAPÍTULO 8

Examina tus patrones de personalidad

Cuando Mónica se sentó por primera vez en mi consultorio de la clínica, lo hizo con un cansancio y una pesadez que lo decían todo. Sabía por su cuestionario de admisión que una ansiedad intensa y un profundo estado de depresión la habían llevado a verme, pero era claro que algo más sucedía.

Pronto se hizo evidente que el desaliento que emanaba de Mónica no se debía a que careciera de voluntad para hacer cambios en su vida; más bien, era porque esa voluntad había sido presionada fuertemente y no había tenido éxito. Como muchos de nosotros, había intentado todo lo que conocía para mejorar su situación, pero nada había funcionado. Con cada esfuerzo por cambiar, sentía una reducción adicional de la alegría que una vez había llenado su mundo.

Mientras explorábamos un poco su vida, le pregunté a Mónica a qué se dedicaba. Me dijo que era «solo una ama de casa». La interrumpí con amabilidad para preguntarle:

—¿Solo una ama de casa?

Ella me miró con una expresión que contenía cierto desdén y luego respondió:

—Bueno, yo era abogada en un bufete de abogados importante, pero mi esposo tiene un trabajo importante y, con tres hijos, uno de nosotros necesitaba estar en casa.

Miré a Mónica y le dije en voz baja:

—Sabes, también tengo tres hijos y vengo a trabajar los lunes por la mañana como descanso, después de dos días de dedicarme a la paternidad.

Su rostro se suavizó un poco mientras continuaba compartiendo los detalles de su vida diaria, y me quedó claro que Mónica no solo tenía estándares imposibles para ella misma, sino que también parecía anteponer las necesidades de los demás a las suyas.

Resultados del trauma en acción

Al final, Mónica había aprendido que, para ser digna de amor, tenía que convertirse en una versión perfecta de sí misma, prácticamente imposible de lograr, por lo que querer serlo no solo era agotador, sino que también le provocaba una presión insostenible en su sistema nervioso.

Hablamos sobre la historia que había detrás de su necesidad de ser esta versión idealizada de sí misma. Ella compartió que su madre había sido una médica exitosa y su padre un académico condecorado. Sabía que sus padres la querían y le brindaron muchas oportunidades cuando era niña. Sin embargo, Mónica también recibió un mensaje muy claro de sus padres: el amor que recibes es directamente proporcional a lo que logras, y si no te sientes amada, es tu culpa.

Si en la escuela Mónica sacaba 99 sobre 100 en un examen en la escuela, sus padres se interesaban más en la pregunta que había respondido mal que en las 99 que había respondido correctamente.

Si quedaba en segundo lugar en la clase, lo que importaba era cómo podría ser la primera la siguiente vez, no el hecho de que hubiera superado a docenas de otros niños.

Además, Mónica había notado que cuando anteponía las necesidades de sus padres a las suyas, la elogiaban mucho y ella se sentía más cercana y conectada con ellos. Mónica compartió un recuerdo específico de este comportamiento cuando tenía alrededor de 10 años. Había regresado a casa de la escuela, molesta por un incidente con una amiga y necesitaba con desesperación consuelo y tiempo con uno de sus padres. Sin embargo, ambos se mostraban preocupados por su trabajo, por lo que ella ocultó sus sentimientos y lo hizo por su cuenta. A la hora de dormir, ambos padres la elogiaron por ser una «niña grande».

En lo que respecta a la relación de Mónica con su esposo, para ella lo más natural era considerar más importantes las necesidades de él que las suyas, desde las decisiones más importantes, como renunciar a su carrera para estar con los niños, hasta asuntos del día a día como asegurarse de que él pudiera dormir hasta tarde el fin de semana. Y Mónica estaba desesperada por brindarles a sus hijos el ambiente de amor y aceptación incondicional que ella no había tenido, sin importar cuán sobrecargada o agotada pudiera sentirse. Desde brindar a cada niño un tiempo individual de calidad antes de acostarse hasta cocinar diferentes comidas para satisfacer las preferencias alimentarias de cada uno, ningún acto de servicio le parecía demasiado. Pero en el fondo y con frecuencia, Mónica se sentía esclava en su propia casa. Estaba sobrecargada de trabajo, subestimada y no parecía haber un final a la vista. Cuanto más indagaba en la vida de Mónica, más obvio me resultaba que su ansiedad no era una señal de que algo estaba roto, sino que su sistema nervioso funcionaba saludablemente al darle señales de advertencia de que su estilo de vida era insostenible.

Un déficit de amor

Ahora bien, los detalles de tu vida pueden ser muy diferentes a los de Mónica, pero supongo que algunos de sus patrones pueden resultarte familiares. Además, lo que Mónica había aprendido a hacer es algo que cada uno de nosotros también hace a su manera.

Mónica había diseñado su vida en torno a las estrategias que había aprendido de niña para satisfacer sus tres necesidades emocionales fundamentales: límites, seguridad y amor. Como comentamos antes, cuando somos niños pequeños dependemos por completo de nuestros cuidadores principales para satisfacer estas necesidades y, a medida que crecemos, con el tiempo debemos encontrar otras formas de satisfacerlas nosotros mismos.

Si nuestro desarrollo infantil fue saludable, habremos interiorizado mensajes positivos de nuestros cuidadores. También habremos aprendido cómo satisfacer las tres necesidades emocionales básicas por nosotros mismos y, por lo tanto, no creeremos que dependan de eventos externos que deben ocurrir o no. Sin embargo, la mayoría de las personas tenemos que desarrollar otras estrategias para satisfacer estas necesidades, y estas estrategias en sí mismas son a menudo la fuente de un enorme sufrimiento en nuestra vida.

En el caso de Mónica, la principal necesidad emocional para la que había diseñado su vida era el amor. Y su aprendizaje había sido que, para sentir amor, debía elevar las necesidades de los demás por encima de las suyas; tenía que convertirse en una «ayudante». También aprendió que cuanto más lograba, ya fuera en su carrera profesional como abogada o en su intento de ser una «supermamá», más amor recibiría.

La depresión y la ansiedad de Mónica se debían, en parte, a la enorme presión que se estaba imponiendo a sí misma, pero también al hecho de que, por mucho que trabajara, en realidad sus necesidades básicas no se satisfacían. El déficit amoroso que sentía todavía impulsaba su vida.

El yo idealizado

Como Mónica, todos tenemos historias e ideas sobre la persona que debemos ser para que el mundo satisfaga nuestras necesidades emocionales fundamentales. Quizá necesitemos hacer las cosas perfectamente bien, o quizá necesitemos que siempre nos vean en control de lo que sucede. O tal vez, como Mónica, necesitemos hacer de nuestra vida una obra maestra de logros o ser un ayudante con paciencia infinita.

La persona en la que necesitamos convertirnos es nuestro *yo idealizado*. A veces, este yo idealizado es un ligero desvío de nuestro verdadero yo, y otras veces hay un abismo gigante entre los dos, el cual, a medida que intentamos atravesarlo, se convierte en una importante fuente de sufrimiento diario.

Lo verdaderamente triste de nuestra intensiva batalla para convertirnos en este yo idealizado radica en que es, de modo relativo, infructuosa. Incluso si por un tiempo logramos satisfacer nuestras necesidades emocionales de esta manera, en realidad estamos evidenciando dos problemas bastante importantes. El primero es que todavía dependemos de otra persona o del entorno que nos rodea para satisfacer la necesidad. El segundo es que el lugar donde en realidad debemos satisfacer la necesidad es en nuestra relación con nosotros mismos.

Los cinco patrones clave de la personalidad

Por supuesto que hay tantos yo idealizados como personas en la Tierra porque todos somos únicos en nuestras propias expresiones individuales. Pero, al mismo tiempo, existen algunos patrones de personalidad comunes con los que es útil familiarizarse para crear más conciencia sobre nuestros propios patrones. Dediquemos un tiempo a explorar cinco de ellos.

1. Ayudante

Comencemos con uno de los patrones clave de Mónica. El patrón de ayudante se presenta cuando consideramos las necesidades de otras personas más importantes que las nuestras, y se convierte en nuestra responsabilidad satisfacerlas por ellos. También puede ser que hayamos aprendido que al satisfacer las necesidades de los demás, estaremos seguros; en realidad, esto se conoce como *servilismo*.

Por ejemplo, imagina que estás regresando a casa desde el trabajo después de un día muy pesado y sientes una necesidad desesperada de tomarte un tiempo de ocio de calidad antes de acostarte temprano. Un programa de televisión sin mucho sentido junto con una comida saludable para llevar es justo lo que te recetó el médico.

A la mitad del camino, recibes un mensaje de texto de un amigo preguntándote si quieres ir a su casa esa noche. Tuvo un día horrible, te explica, y quiere compañía. Ahora bien, es obvio que tu amigo no se encuentra en una angustia urgente o intensa que pueda justificar que cambies tus planes. De hecho, está en una situación similar a la tuya, excepto que quiere compañía y tú quieres tiempo a solas.

Sin embargo, gobernado por tu patrón de ayudante, no lo piensas dos veces y cambias de ruta para estar ahí para él. Después de todo, sus necesidades son más importantes que las tuyas, y este es el patrón en torno al cual diseñaste tu vida. El resultado puede ser que tu amigo se sienta mejor, pero ¿cuánto te costará a ti?

El patrón de ayudante puede manifestarse a pequeña escala como en este caso, pero también a gran escala, incluso en nuestra elección de carrera o en cómo se establece nuestra relación afectiva. Y si recordamos que estar en una respuesta desadaptativa al estrés puede distorsionar el cómo leemos las señales del entorno que nos rodea, lo que con frecuencia también sucede con el patrón de ayudante es que interpretamos que las luchas ajenas necesitan nuestra participación, cuando en realidad los demás podrían estar muy bien como están. Y, de hecho, lo que a menudo hacemos es enseñarles a depender de nosotros.

A continuación veremos algunas creencias comunes de alguien con el patrón de ayudante.

- LÍMITES: si cuido de quienes me rodean, ellos me cuidarán y respetarán mis límites y necesidades.
- SEGURIDAD: si me hago indispensable para los demás, no me amenazarán ni a mí, ni a mi sensación de seguridad.
- AMOR: si satisfago tus necesidades, me amarás.

2. Triunfador

El otro patrón que exploramos en la historia de Mónica es el de triunfador. Los triunfadores creen que su valía como persona está relacionado con lo que hacen y logran en el mundo. Con frecuencia, han tenido experiencias infantiles en las que sintieron que los límites saludables, la seguridad y el amor estaban vinculados con sus logros, por lo que su vida puede convertirse en una búsqueda constante e implacable de logros en un doloroso intento por satisfacer esas necesidades.

El ejemplo más conocido de estereotipo de un triunfador es alguien motivado por su profesión y su situación financiera, pero este es solo uno de muchos. Los patrones de triunfador pueden manifestarse de cualquier manera, desde ser el mejor padre hasta ser el activista ecológico más impactante. Para algunas personas, el patrón de triunfador también se manifiesta siendo un antitriunfador y en celebrar no estar definido por circunstancias externas con eficacia. Sin embargo, en cierto sentido, es el mismo patrón, solo que ocurre a través del rechazo al éxito.

El principio clave del patrón del triunfador es que creemos que podemos hacer que sucedan cosas en el exterior y que estas cambiarán cómo nos sentimos en el interior. Y cuanto más logremos que esas cosas ocurran, más podremos satisfacer nuestras necesidades emocionales básicas.

Las siguientes son algunas creencias comunes de alguien con el patrón de triunfador:

- LÍMITES: si tengo éxito, puedo hacer lo que quiera.
- SEGURIDAD: cuanto más exitoso sea, menos dependiente seré de los demás.
- AMOR: cuanto más logre, más me amarán los demás.

3. Perfeccionista

El patrón perfeccionista es un pariente cercano del patrón triunfador. Los perfeccionistas se enfocan de manera desproporcionada en hacer todo bien; mientras que al triunfador lo impulsa la llegada al destino, a los perfeccionistas los motiva tener los detalles correctos a lo largo del camino.

El patrón perfeccionista nos hace obsesionarnos con los pequeños detalles, inflándolos hasta darles una importancia desproporcionada. Esto puede afectar todo, desde nuestro desempeño en el trabajo hasta nuestra apariencia personal, o la forma en que nos comunicamos con los demás. Algunos ejemplos incluyen obsesionarnos con nuestra imagen corporal o enfocarnos incesantemente en la ortografía y la gramática al escribir, de tal manera que obstruye nuestro progreso.

Cuando tenemos un patrón perfeccionista, también solemos tener un agudo sentido del bien y del mal. Podemos ser muy críticos y duros en cómo pensamos y nos comportamos en relación con quienes creemos que están equivocados, y podemos desarrollar una exagerada sensación de superioridad. A veces, esto puede crear más distancia con quienes nos rodean de la que, en el fondo de nuestro corazón, nos gustaría.

A continuación veremos algunas creencias comunes que podríamos tener con el patrón de perfeccionista.

- LÍMITES: estar en lo correcto me da la legitimidad para establecer y mantener mis límites.
- SEGURIDAD: si hago las cosas a la perfección, no seré vulnerable a las críticas.
- AMOR: necesito ser perfecto para ser amado.

4. Controlador

El patrón de controlador consiste en querer ser considerado fuerte y en control. Esto puede traducirse en la necesidad de controlar a las personas y las circunstancias del entorno, pero también a nuestro estado interno.

En su expresión más sana, este patrón puede manifestarse como una persona con capacidad de liderazgo; sin embargo, en su versión menos saludable, los demás se verán manipulados o intimidados para satisfacer las necesidades del controlador. Debido a la necesidad de controlar su estado interno, a los controladores también les resulta muy difícil mostrar cualquier tipo de emoción o vulnerabilidad.

Entre lo más estresante de vivir con un patrón de controlador se encuentra que, en última instancia, no podemos controlar el mundo que nos rodea. Los constantes intentos por hacerlo y los interminables esfuerzos por predecir nuestro alrededor se vuelven increíblemente agotadores y son tareas infructuosas.

Las siguientes son algunas creencias comunes cuando se tiene el patrón de controlador:

- **LÍMITES:** si tengo el control, nadie podrá amenazar mis límites.
- **SEGURIDAD:** la forma de estar seguro es manteniendo el control.
- **AMOR:** si protejo y defiendo a los demás, seré amado.

5. Pacificador

El patrón de pacificador es, en muchos sentidos, lo opuesto al patrón de controlador. Con este patrón, elegiremos la paz y la armonía en lugar de la franqueza y la confrontación. Esto a menudo implica ignorar y rechazar nuestras propias necesidades por la conveniencia y el bienestar de quienes nos rodean. El conflicto y el desacuerdo son nuestra kriptonita y trabajaremos tan duro como podamos para crear circunstancias que no incomoden a la gente.

El costo, por supuesto, es que mientras más trabajamos para crear armonía y tranquilidad para quienes nos rodean, más debemos rechazar e ignorar nuestras propias necesidades y emociones. Casi por definición, pedir y expresar nuestras necesidades implicaría correr el riesgo de ofender a alguien o de molestarlo, por lo que es más fácil para nosotros pasar a un segundo plano y priorizar las necesidades de los demás en el grupo.

Estas son algunas creencias comunes que podríamos tener con el patrón de pacificador:

- LÍMITES: si mantengo la paz, estaré en armonía con los demás.
- SEGURIDAD: si me adapto a las necesidades de otras personas, ellas me protegerán y me mantendrán a salvo.
- AMOR: cuanto más fácil sea llevarse bien conmigo, más gente me amará.

Toma en cuenta que esta no es una lista exhaustiva de patrones de personalidad y que hay numerosas formas en que estos patrones pueden aparecer en nuestra vida y, por supuesto, en distintos grados. También es importante considerar la probabilidad de que tengas varios patrones, o incluso todos. Y eso está bien. La clave es que cuanto más consciente seas de ellos, más poder tendrás para hacer algo diferente.

¿QUIÉN ES TU YO IDEALIZADO?

El objetivo de este ejercicio es comprender lo mejor que puedas a la persona que crees que debes ser para satisfacer tus necesidades emocionales fundamentales. Recuerda que no se trata de juzgarte a ti mismo ni de criticarte, sino de generar una nueva conciencia que te empodere para el cambio. Responde las siguientes preguntas con la mayor honestidad posible utilizando la hoja de trabajo (disponible en inglés) en <www.alexhoward.com/trauma>.

- Para que tú y los demás respeten tus límites, ¿quién crees que debes ser?
- Para sentirte seguro en el mundo, ¿quién crees que debes ser?
- Para sentirte amado y adorado por los demás, ¿quién crees que debes ser?

Al responder estas preguntas, toma en cuenta los cinco patrones de personalidad que exploramos antes. ¿Necesitas ayudar, lograr, perfeccionar, controlar o mantener la paz para sentir que tienes límites, que estás seguro y que eres amado en el mundo? Puedes encontrar una lista de verificación completa de los patrones de personalidad en tu curso complementario (disponible en inglés) en <www.alexhoward.com/trauma>.

Recuperando nuestro poder

Cuando trabajo con personas, suelo descubrir que entender *por qué* se sienten de determinada manera es un paso clave para recuperar parte del poder. Volviendo al caso de Mónica por última vez, cuando se dio cuenta de que en el corazón de sus patrones compulsivos de ayudante y triunfadora había una profunda necesidad de sentirse segura y amada, algo comenzó a ceder. Por primera vez en años, dejó de sentir que enloquecía; en cambio, reconoció que la forma en que abordaba su vida estaba provocando un nivel insostenible de estrés que empujaba constantemente a su sistema nervioso hacia un estado frenético.

Pero también era obvio que esta conciencia por sí sola no bastaba para reentrenar a un sistema nervioso que había sido programado durante décadas. De hecho, el punto al que nos dirigimos a continuación en nuestro viaje fue lo que resultó fundamental para crear un cambio duradero en Mónica y lo que, definitivamente, transformó su vida.

CAPÍTULO 9

Deja de correr y empieza a sentir

Hay un chiste muy conocido en los círculos terapéuticos: ¿Cuántos terapeutas se necesitan para cambiar un foco? Solo uno, pero el foco debe *querer* cambiar. Dicho de otra manera, si un paciente no cambia, es culpa suya porque no está lo suficientemente motivado para hacerlo. Nadie atribuye la responsabilidad al terapeuta ni considera si su metodología terapéutica es la adecuada para el paciente y, para mí, en el mejor de los casos, esto representa una evasión y, en el peor, una forma de culpar a la víctima.

Sanaya tenía poco más de veinte años cuando aceptó formar parte de mi serie de YouTube *In Therapy with Alex Howard.* Considerando que en ese momento ella estaba paralizada por sentimientos de ansiedad y en ocasiones tenía intensos ataques de pánico, la admiré particularmente por estar dispuesta a permitir que se filmara su viaje terapéutico conmigo.

Para garantizar que son suficientemente fuertes para afrontar el proceso y que sus motivaciones concuerdan con las de la serie, todos los participantes pasan por una evaluación psicológica independiente antes de empezar a grabar. El informe del psicólogo de Sanaya decía que ella no se había conectado con sus terapeutas anteriores, quienes habían cuestionado su motivación y sus objetivos en la terapia. ¿Estaba en realidad comprometida con el cambio? A ojos de ellos, Sanaya era el foco que mencioné antes.

Sin embargo, lo que observé en nuestra primera sesión no fue a una mujer joven que no *quería* cambiar, sino a una que tenía miedo de lo que podría implicar el cambio y de si sería posible siquiera. Sanaya también tenía un miedo profundo de *no* cambiar y continuar en el infierno de ansiedad en el que estaba atrapada.

Un estado interior de seguridad

En mi experiencia con pacientes, para que cualquier trabajo terapéutico sea efectivo (ya no se diga para que se sientan capaces de abrirse a sus emociones ocultas y no procesadas) primero deben sentirse seguros. Necesitan sentirse seguros con el terapeuta, seguros con el método y, como parte del trabajo terapéutico, aprender a crear en su interior un sentido de seguridad que no dependa de los demás. En efecto, necesitan pasar de la corregulación con el terapeuta a la autorregulación.

Volviendo a nuestro proverbial foco, tal vez solo haga falta un terapeuta para ayudarlo a cambiar, pero es necesario ayudarlo a sentirse lo suficientemente seguro para hacerlo. Después de todo, la seguridad no es solo algo agradable, es la base misma de lo que necesitamos para sanar.

El continuo estado de ansiedad de Sanaya implicaba que cuando se miraba a sí misma, a sus sentimientos y al mundo que la rodeaba, todo lo percibía a través del lente del miedo. El «pódcast de ansiedad» sonaba en cada situación en la que se encontraba. La perspectiva de cambiar era aterradora, pero también lo era no cambiar. E incluso si pudiera cambiar, ¿duraría el cambio? ¿Y le gustaría siquiera la persona en la que se habría convertido? Atrapada entre la espada y la pared, dondequiera que mirara había un desencadenante para su sistema nervioso.

Y, por supuesto, Sanaya no estaba sola en su experiencia. Este es un dilema que muchos de nosotros experimentamos a lo largo del camino: sentirnos lo suficientemente seguros como para cambiar requiere que podamos calmar nuestro sistema nervioso, pero para calmarlo necesitamos cambiar. Por eso, cuando se trata de aprender en verdad a sentir y conectarnos con nuestras emociones, primero debemos aprender a crear un estado interior de seguridad.

Autorregular nuestro sistema nervioso

Tener un estado interior de seguridad es un superpoder que no solo transformará la sanación de tu trauma, sino que también revolucionará tu relación con el mundo que te rodea. Entonces, ¿de dónde viene el sentimiento interno de seguridad que necesitamos y cómo lo creamos?

Como mencionamos en el capítulo 4, se crea un estado interno de seguridad cuando somos capaces de autorregular nuestro sistema nervioso como respuesta al mundo. En el contexto de nuestro sistema nervioso, la autorregulación significa que tenemos influencia directa sobre nuestro estado fisiológico y emocional. No significa que podamos controlar cómo nos sentimos en un momento dado, sino que si reconocemos que nuestro sistema nervioso está funcionando demasiado rápido, tenemos la capacidad de ralentizarlo activamente hasta llegar a un estado más tranquilo.

En un mundo ideal, nuestros cuidadores principales (lo más común sería nuestra madre) nos dan esto como un regalo cuando somos bebés[1-3] y a medida que crecemos.[4, 5] Conforme el mundo que nos rodea nos impacta y nos afecta, nuestros cuidadores nos tranquilizan, no solo con sus palabras y acciones sino, lo más importante, con su propio sistema nervioso tranquilo y estable.

Al corregularnos con nuestros cuidadores, aprendemos que el mundo es un lugar seguro y, mejor aún, aprendemos a hacer lo mismo por nuestra cuenta y a autorregular nuestro sistema para crear un estado interior de seguridad. Y mientras estamos aprendiendo a caminar, hablar y hacer un millón de actividades increíbles, nuestro sistema nervioso también aprende a autorregularse en respuesta a nuestro entorno.

Sin embargo, en diversos grados, muchos de nosotros no satisficimos esta necesidad como necesitábamos.[6-11] De hecho, como comentamos con anterioridad, este cambio en nuestro equilibrio homeostático es uno de los ECOS del trauma. Y por ello, cuando se trata de restablecer nuestro sistema nervioso, la habilidad de autorregulación es imprescindible. Por fortuna, como todas las habilidades, con la práctica podemos aprender a hacerlo. Veamos eso a continuación.

Ansiedad sobre la ansiedad

Volviendo a la historia de Sanaya, uno de sus desencadenantes más desafiantes era notar la sensación de ansiedad en su cuerpo, lo que a su vez desencadenaba aún más ansiedad. En cierto sentido, su respuesta desadaptativa al estrés se generaba a sí misma. Cuanta más ansiedad sentía, más ansiosa se tornaba. Esto es lo que yo llamo *ansiedad por la ansiedad*.

Cuando nuestra respuesta desadaptativa al estrés da como resultado la liberación de un exceso de hormonas del estrés, por ejemplo, el cortisol y la adrenalina, nuestra química sanguínea tardará algún tiempo en normalizarse. Cuando le expliqué este proceso a Sanaya, le ayudó a comprender que medir cualquier intervención en función de si se sentía diferente de inmediato no era realista. En cambio, necesitaba encontrar un lugar de aceptación a corto plazo y luego notar que sus preocupaciones se asentaban en su cuerpo unos minutos más tarde. Encontrarás un video de este intercambio con Sanaya en tu curso complementario gratuito (en inglés) en <www.alexhoward.com/trauma>.

Cuando se trata de aprender a autorregular nuestro sistema nervioso, la experiencia más tranquilizadora que podemos vivir es descubrir que somos capaces de impactar directamente en nuestro propio estado. Cuanta mayor influencia descubramos que tenemos, menos impotentes nos sentiremos y más se tranquilizará nuestro sistema.

Cómo puede ayudar la meditación

A lo largo de los años se han desarrollado cientos de herramientas diferentes para ayudarnos a aprender a autorregular nuestro sistema nervioso, y casi todas tienen sus raíces en la práctica de la atención plena (o *mindfulness*) y la meditación. De hecho, una de las herramientas psicológicas más investigadas en la historia de la ciencia es la práctica de la meditación.[12-16] En las últimas décadas, el conocimiento de la meditación ha crecido mucho, y gran parte es positivo.

También vale la pena señalar que no todas las formas de meditación tienen los mismos beneficios y enfoques. Por ejemplo, algunas prácticas como la meditación trascendental están diseñadas para ayudarnos a cultivar un estado de felicidad similar al trance, y las prácticas de visualización pueden centrarse en impactar ciertos estados emocionales. Aunque ambos son útiles, no son necesariamente el camino más rápido para cultivar un sentimiento de seguridad interior.

Entrenar una nueva forma de ser

En la técnica de meditación que estamos a punto de explorar, la clave es llevar el enfoque de tu mente a estar presente en tu cuerpo. Finalmente, estás trabajando para conectarte a profundidad con tu experiencia inmediata, sin intentar desconectarte o cambiarla. Aprender a relajarte en tu cuerpo te ayuda a dejar de pensar y comenzar a sentir. Recuerda, no puedes solo *pensar* para llegar a un *sentimiento* de seguridad. Pero puedes *sentir* mientras avanzas hasta un *sentimiento* de seguridad.

Como lo expresó tan poderosamente el escritor James Redfield: «Hacia donde va la atención, fluye la energía». Al entrenarte para llevar tu atención hacia tu cuerpo, gradualmente entrenas para dirigir tu energía fuera de tu mente y de tu sistema nervioso sobreactivado hacia donde se encuentra el sentimiento de seguridad que a fin de cuentas anhelamos. Al aprender a dejar de correr y empezar a sentir, podemos regresar a nuestro cuerpo y hacer las paces con la experiencia que sea que estemos atravesando.

En última instancia, la autorregulación no se trata de intentar cambiar o arreglar lo que está sucediendo, sino de llegar a un lugar de aceptación y paz en relación con ello. Al desviar nuestra atención de alimentar el problema a calmar activamente nuestro sistema en el momento, estamos entrenando una nueva forma de ser.

Ahora, parte del desafío es que, con probabilidad, cargues con décadas de condicionamiento que han entrenado tu mente para ser de cierta manera. Como veremos en el siguiente capítulo, llevará tiempo entrenarla para que funcione de diferente manera. No porque estés haciendo mal la práctica, sino porque tu cerebro está intentando regresar a lo que cree que es el equilibrio.

Recuerda también que cuando estamos en una respuesta desadaptativa al estrés se produce una aceleración natural que activa nuestro sistema nervioso y nos desconecta de nuestras emociones. De este modo, al aprender a meditar, volvemos a trabajar contra un instinto arraigado con tanta profundidad.

Mantenlo simple

Cuando se trata de meditar, prefiero mantener la práctica lo más simple posible. De hecho, los participantes de mi programa RESET® suelen reportar que gracias al método sencillo y estructurado que constituye el núcleo de mi técnica para enseñar meditación, han podido mantener una práctica constante por primera vez.

Algunas prácticas de meditación tienen siglos de antigüedad, por lo que no es sorprendente que muchas veces existan pasos y elementos en ellas vinculados a la historia, y no porque estén diseñados para hacer más accesible la meditación. Con algunas escuelas de meditación, puede llevar décadas alcanzar un nivel de dominio en ciertos elementos intrincados. Algunos de estos aspectos son refinamientos importantes para los meditadores experimentados, y otros son como son solo porque así se transmitieron.

Por ejemplo, algunas escuelas de meditación insisten en la práctica de determinadas posturas, incluidas las de piernas cruzadas. Estas podrían ser adecuadas para personas que viven en climas cálidos y con estilos de vida muy activos, pero no siempre funcionan para quienes viven en países occidentales fríos y húmedos, donde muchas personas tienen trabajos sedentarios, o para quienes tienen problemas de movilidad. De hecho, conozco a varias personas que han sufrido lesiones bastante desagradables mientras se forzaban una y otra vez a adoptar estas posturas, cuando era evidente que su cuerpo no estaba dispuesto a participar.

Dominar los conceptos básicos

A lo largo de los años, mi enfoque para enseñar meditación ha sido encontrar la «dosis mínima efectiva», preguntando: ¿cuál es el número más bajo de principios clave en que podemos dejar la práctica, que al mismo tiempo nos permita tener el máximo impacto? También creo que es importante diseñar nuestro entrenamiento de meditación de una manera que nos prepare para el éxito. Calmar la mente y conectarse con el cuerpo puede parecer sencillo, pero a veces resulta lo más difícil del mundo y cuantos más matices debamos enfrentar para hacerlo bien, más abrumador se vuelve.

Si comenzamos dominando los conceptos básicos, con el tiempo podremos agregar más elementos para llevar nuestra práctica al siguiente nivel. Por el contrario, si empezamos a sobrecargarnos de detalles, es posible que nunca entendamos bien los conceptos básicos y pronto nos demos por vencidos debido a la frustración. A veces, intentar hacer todo de manera perfecta y correcta puede ser una señal de que el patrón perfeccionista que exploramos en el capítulo anterior se está manifestando.

También soy consciente de que puedes seguir una práctica de oración o meditación vinculada a un camino religioso. Es importante mencionar que lo que practicaremos juntos respeta todos los caminos, pero no está vinculado a ninguno. Nos enfocaremos en los elementos científicos de la meditación que, una y otra vez, se ha demostrado que desempeñan un papel clave a la hora de ayudarnos a autorregular nuestro sistema nervioso.

Meditación informada sobre el trauma

Muchas personas que trabajan en sanar su trauma descubren que la meditación es una práctica que les enseña a calmar y aterrizar la mente, las emociones y el cuerpo. Sin embargo, para algunos es difícil en particular, y adoptar un enfoque diferente puede resultarles beneficioso.

Cuando el trauma ha desregulado nuestra mente y nuestro sistema nervioso, y por medio de la meditación entramos en estrecho contacto con esto, podemos sentirnos cada vez más frustrados y desencadenados por la rapidez con la que avanza todo. Sentarnos en tranquilidad y observar nuestra mente y nuestro cuerpo nos envía en una espiral que va demasiado rápida, nos hace sentir frustrados por ir demasiado rápido y nuestra respuesta es ir más rápido.

En este caso, la meditación en movimiento resulta de gran ayuda. En cierto sentido, permitir que la energía de nuestro sistema se mueva, o incluso moverse con ella, facilita que el sistema se calme y se reinicie. Hay muchas formas de meditación en movimiento, incluida la meditación mientras se camina, el yoga, el taichí y el chi kung.[17] A veces, comenzar con una práctica como esta antes de pasar a una meditación sentados puede marcar la diferencia.

También son posibles los desencadenantes de traumas relacionados con nuestro cuerpo emocional o físico que pueden volverse abrumadores o incluso retraumatizantes durante las prácticas estándar de mente y cuerpo.[18-20] En estos casos, es importante utilizar enfoques que nos ayuden a mantener una sensación de arraigo y conexión con lo que nos hace sentir seguros, mientras exploramos nuestro mundo interior y nuestras sensaciones.[21]

Los enfoques de procesamiento emocional como la técnica de liberación emocional (EFT/Tapping, por sus siglas en inglés) y la EMDR también pueden ser muy útiles con la guía de un profesional experimentado e informado sobre el trauma.[22-24]

También vale la pena señalar que, aunque cerrar los ojos durante la meditación a menudo ayudará a nuestra práctica, ya que tendremos menos información sensorial visual que nos distraiga y llame nuestra atención, para algunas personas hacerlo será un desencadenante.

Si esto es así para ti, está bien mantener los ojos abiertos, pero elige un punto de la pared donde puedas mantener una mirada suave, ya que esto evitará que tus ojos sean atraídos por distracciones.

Los principios clave de la meditación

Hay cuatro intenciones básicas que procuramos alcanzar con la meditación y tres tácticas que implementamos para ayudarnos a lograrlo. Exploremos cada una de estas en los siguientes párrafos.

Cuatro intenciones

1. DIRIGIR LA ATENCIÓN HACIA EL INTERIOR. En gran parte de la vida cotidiana, nuestra atención se enfoca por completo en el mundo que nos rodea y lo que sucede en él. Es posible que tengamos todo tipo de pensamientos y respuestas mientras tanto, pero nuestro enfoque principal está en lo que sucede fuera de nosotros. Con la meditación, nos proponemos desviar nuestra atención de los eventos externos y dirigirla hacia nuestra experiencia interna.
2. DESPLAZAR LA ATENCIÓN DE LA MENTE AL CUERPO. La mayoría de las personas nos experimentamos desde el cuello hacia arriba. Estamos tan atrapados en nuestros pensamientos y respuestas mentales al mundo que nos rodea que la mayor parte de la experiencia vivida por nuestro cuerpo se queda fuera de nuestra conciencia. A través de nuestra práctica meditativa, estamos trabajando en reentrenar nuestra atención para que deje de obsesionarse con nuestra mente y empiece a conectarse más con la sensación de nuestro cuerpo.

3. RALENTIZAR EL SISTEMA. Para muchos, parte del problema es que nuestra mente y nuestro sistema nervioso funcionan demasiado rápido. Cuando aprendemos a meditar, queremos ralentizar nuestro sistema y sentir la presencia y sujeción que surge de estar conectados con el momento presente. Y, como veremos en los siguientes capítulos, cuando nuestro sistema funciona a una velocidad más saludable, también resulta mucho más fácil conectarnos y procesar nuestras emociones.
4. MANTENER LA ATENCIÓN ESTABLE. La respuesta desadaptativa al estrés hará que nuestra mente esté en muchos lugares a la vez y se active con facilidad ante los estímulos más pequeños. Recuerda la definición de homeostasis: «igual» y «estable». Al mantener constante nuestra atención, estamos ayudando a reentrenar nuestro propio mundo interno para que tenga más elementos de este equilibrio homeostático. Al aprender a permanecer con nuestra experiencia y no dejarnos desencadenar con tanta facilidad por los acontecimientos y las circunstancias, volvemos a un lugar de seguridad interior.

No es necesario que pienses en estos principios clave mientras meditas, pero creo que comprender nuestra orientación es útil y determinante. Exploremos ahora las tres tácticas que vamos a implementar en nuestra práctica meditativa.

Tres tácticas

1. OBSERVAR LA RESPIRACIÓN. Al aprender a observar la calidad de nuestra respiración durante la meditación, como su velocidad y la sensación de que el aire llena nuestros pulmones, le brindamos a nuestra atención un lugar adonde ir y, al mismo tiempo, nos enfocamos más en nuestro cuerpo. Nuestra

respiración también ocurre en el momento presente, y es otra parte importante de atender lo que ahora es verdad, lejos de engancharnos a los traumas del pasado.

2. DEJAR IR LOS PENSAMIENTOS. Como mencionamos antes con la ansiedad sobre la ansiedad, los pensamientos pueden volverse autogeneradores con gran facilidad. Un pensamiento llevará a otro y a otro y, antes de que nos demos cuenta, ya estaremos en una línea de pensamiento por completo diferente de la que comenzamos. Sin embargo, no controlamos hacia dónde se dirige nuestro pensamiento. El objetivo de la meditación no es tratar de detener pensamientos específicos, sino desviar nuestra concentración y atención de ellos y dirigirlas hacia el objeto de nuestra meditación (en este caso, nuestra respiración). En cierto sentido, permitimos que nuestros pensamientos estén ahí, pero no los convertimos en el centro de nuestra experiencia actual.

3. PERCIBIR EL CUERPO. Al ubicar la mente en nuestras sensaciones corporales inmediatas, una vez más, podemos concentrarnos en lo que está sucediendo en este momento, en tiempo real. También favorecemos que nuestra atención se desvíe de lo que nos está sucediendo mentalmente hacia la experiencia sensorial de nuestro cuerpo. Recuerda: adonde va la atención, fluye la energía.

Cómo meditar

Empecemos ahora a jugar con la meditación misma. Puedes realizar la siguiente práctica con los ojos abiertos o cerrados. A menudo resulta útil hacerlo sentado, con la columna recta y los pies en el suelo. Si te sientes más cómodo acostado, también está bien, pero ten en cuenta que quedarse dormido no es lo mismo que meditar, aunque, por supuesto, ¡es muy valioso en sí mismo!

TU PRÁCTICA BÁSICA DE MEDITACIÓN

Si eres nuevo en la meditación, te recomiendo comenzar con solo cinco minutos de práctica. Si tienes algo de experiencia, por supuesto que puedes dedicarle más tiempo. Recuerda que queremos prepararte para el éxito, por lo que se trata de cultivar experiencias positivas sobre las cuales construir, ¡no de intentar establecer récords de meditación!

1. Tómate un tiempo para enfocar tu atención en la respiración. Observa la calidad de tu inhalación y exhalación y rastrea la sensación del aire a través de tu cuerpo.
2. Mientras haces esto, observa tus pensamientos y tus enfoques mentales. Conforme te das cuenta de las líneas de pensamiento en las que se encuentra tu mente, regresa tu atención a la respiración. No estás tratando de detener tus pensamientos, más bien, eliges dirigir tu atención hacia tu respiración.
3. Si te resulta útil, cuenta tus respiraciones. Puedes contar 1 para inhalar, 2 para exhalar, y así sucesivamente. Cuando llegues a 10, empieza de nuevo. Si olvidas en qué número estás, no te preocupes, solo comienza a contar desde el 1 de nuevo.
4. Mientras mantienes la concentración en la respiración, dirige poco a poco tu atención a tus sensaciones corporales. No hay una experiencia correcta o incorrecta

en este momento; en última instancia, tu objetivo es estar presente ante lo que hay. No estás juzgando ni intentando arreglar la experiencia que estás teniendo; solo la estás observando con paciencia a través de tu atención.

5. Cuando llegues al final de tu tiempo de práctica, permite regresar lentamente tu atención a la habitación y observa cómo te sientes ahora.

Esta práctica es increíblemente simple, pero, como todo lo simple, no siempre es fácil. En última instancia, es mucho más sencillo aprender a meditar cuando nos guían en el proceso, por lo que, como parte de tu curso complementario gratuito (www.alexhoward.com/trauma), grabé algunas meditaciones guiadas (en inglés) para apoyarte al utilizar este enfoque.

La práctica conduce a un cambio duradero

Lo que sea que experimentes cuando empiezas a meditar está bien: no hay experiencias buenas ni malas. Quizá sentiste que nada cambió en tu sistema nervioso al realizar esta práctica. Si ese es el caso, no te preocupes, solo continúa. También puede ser que hayas sentido más actividad en tu sistema. Si es así, recuerda lo que dije antes sobre la meditación en movimiento, junto con la importancia de trabajar un poco la sanación del trauma antes de meditar.

Inclusive, en el mejor de los casos, en el cual podrás notar un cambio en tu sistema nervioso y tranquilizarte un poco más justo después de practicar, es probable que descubras que tan pronto como dejas de practicar, tu sistema nervioso se reactiva gradualmente hasta regresarte al estado de estrés. Recuerda que esto se debe a que tu sistema nervioso lo cree normal: es el equilibrio homeostático al que está normalizado. Para crear un cambio duradero, debes ser diligente, consistente y paciente con tu práctica meditativa a lo largo del tiempo. Una vez que logres practicar de forma sistemática durante cinco minutos, podrás comenzar a aumentar el tiempo; lo ideal es llegar a hacerlo por al menos treinta minutos al día.

En definitiva, la práctica de la meditación se llama así porque practicar es justo lo que se necesita para crear un cambio duradero. Con el tiempo, a medida que conduces tu sistema nervioso de vuelta a un estado de calma y conexión con tu cuerpo, le estás enseñando que este es el nuevo equilibrio homeostático desde el que ahora quieres vivir.

Estar con el malestar

Uno de los desafíos de conectarnos con nuestro cuerpo y nuestras emociones es que podríamos comenzar a sentir algunos de los sentimientos de los que nuestra respuesta desadaptativa al estrés nos había estado ayudando a escapar. Profundizaremos en esto con mucho más detalle en los siguientes capítulos, pero por ahora ten presente que no es una señal de que algo esté mal; de hecho, por lo general es una señal del progreso que has estado llevando con esfuerzo.

Parte del arte de aprender a autorregular nuestro sistema nervioso es permitir que nuestra experiencia sea como es. Así como un padre cariñoso y reconfortante tranquiliza a un niño pequeño, estamos enviando el mensaje a nuestros cuerpos físico y emocional de que nuestra experiencia está bien, y nosotros también.

Sintamos o no que estamos dominando la práctica simple pero no fácil de la meditación, el aprendizaje de encontrarnos con nuestros sentimientos y emociones desde un lugar tranquilo y acogedor puede ser en sí mismo transformador. De hecho, es el consuelo y el apoyo que nuestro cuerpo emocional necesita para confiar lo suficiente como para abrirse a nosotros. Y, al saber darnos este regalo a nosotros mismos, en realidad, nos estamos convirtiendo en adultos sanos y equilibrados.

Romper el ciclo

Volvamos a la historia de Sanaya por última vez. Así como otros elementos que estás aprendiendo en este libro, la meditación desempeñó un papel de gran ayuda para calmar su ansiedad. Romper el ciclo de ansiedad que provocaba más ansiedad y aprender a autorregular su sistema nervioso implicó que ya no estaba a merced de sus ataques de pánico y podía comenzar a mostrar su verdadera personalidad y sus talentos al mundo.

Para cuando terminamos nuestras ocho sesiones filmadas, Sanaya estaba llena de alegría y entusiasmo por su futuro y había conseguido la pasantía de sus sueños en la industria cinematográfica. Como le dije en nuestra última sesión, la cuestión no era que nunca volvería a sentir ansiedad, sino que ahora tenía las herramientas para autorregular su sistema nervioso como respuesta, lo cual es la máxima libertad en la vida.

CAPÍTULO 10

Ponle un ALTO a tus comportamientos inútiles

Según las encuestas, tres cuartas partes de las personas tenemos miedo a hablar en público; incluso, para algunas, ocupa un lugar más alto que el miedo a la muerte. Al principio de mi carrera, me encontré en el grupo bastante afortunado de quienes disfrutaban hablar en público. A los 23 años, viajé por todo el Reino Unido promocionando mi primer libro, a veces hablando ante un pequeño grupo de personas; otras, ante cientos. Me encantaba la expectación que me brindaba y la oportunidad de conectarme con los lectores.

Mediante las habilidades que había aprendido a lo largo del camino, unos años más tarde obtuve un trabajo paralelo inesperado como orador corporativo, en el que ofrecía un mensaje de resiliencia y compromiso personal. De vez en cuando, me invitaban a hablar en eventos corporativos de capacitación y disfrutaba la variedad que esto aportaba a mi vida cotidiana como terapeuta.

No obstante, en el apogeo del periodo de mi vida en el que sufría una intensa ansiedad y ataques de pánico, el cual describí en el primer capítulo, me contrataron para hablar con alrededor de cien vendedores en un evento a bordo del viejo acorazado HMS Belfast en el Río Támesis, en Londres.

Si en los meses anteriores mi ansiedad se había vuelto tan paralizante que salir de casa era un desafío suficiente, no hablemos de estar expuesto en una sala llena de gente. La solución obvia habría sido cancelar el evento; sin embargo, un matrimonio bastante tóxico entre mis patrones de triunfador y de ayudante me obligaba a evitar que me vieran débil y a decepcionar a alguien.

Tal vez la vida intentaba protegerme de lo que se avecinaba y por eso quedé atrapado en el tráfico mientras conducía por Londres hacia el evento. Cuando al fin llegué, solo faltaban unos minutos para mi presentación, y mi ya severa ansiedad se había intensificado. Con la esperanza de que el intenso cortisol y la adrenalina me ayudaran, subí al escenario con la única sensación de querer salir corriendo del edificio.

Aprender un patrón de comportamiento perjudicial

No es poco común sentirse nervioso al comienzo de una presentación. Con frecuencia, tanto el orador como el público necesitan unos minutos para relajarse, adaptarse el uno al otro y encontrar un ritmo natural. El problema en esa ocasión fue que de plano no lograba adaptarme. De hecho, estaba sucediendo lo contrario.

Podía sentir que mi voz no sonaba relajada; me resultó imposible concentrarme en el público; y trabajar sobre el escenario adquirió un ritmo bastante frenético mientras intentaba remover la energía del intenso pánico que crecía en mí. Decir que estaba en una lucha o huida extrema sería quedarme corto, era peor que eso: estaba a punto de desconectarme.

Cuando noté que mi voz temblaba, todo empezó a desmoronarse. Me di cuenta de que el acto de confianza que con tal desesperación intentaba mostrar comenzaba a resquebrajarse. Y cuando hablas de resiliencia, impulso y motivación y al mismo tiempo sufres un ataque de pánico, el mensaje que estás vendiendo pierde su sentido. Cuando la lucha o la huida me paralizaron, no podía respirar ni lograr que me saliera la voz.

En ese momento, el control consciente desapareció y el instinto se hizo cargo. Salí del escenario y lo que pasó después fue interesante. Me senté en una silla y logré respirar profundamente unas cuantas veces. Por mucho que quisiera correr hacia mi auto y conducir a casa, surgió algo distinto. De alguna manera, sabía que si no salía y terminaba mi presentación, podría ser la última vez que hablara en público. A pesar del infierno que estaba viviendo, ese era un precio que no estaba dispuesto a pagar.

Impulsado por pura fuerza de voluntad, tomé mi silla y la puse en el centro del escenario, temiendo desmayarme si me ponía de pie. Luego continué con mi presentación. Unos minutos más tarde noté que me tranquilizaba un poco, bloqueando en mi mente lo que acababa de suceder. Me recuperé y supe que podría soportar el resto de la hora. Logré terminar la presentación y recibí una gran ovación. Así que, en cierto nivel, lo logré.

Desafortunadamente, en los años siguientes, los ECOS de esa experiencia fueron dramáticos. Me encontré dentro del 75% de la población que teme hablar en público, y aunque tuve que seguir haciéndolo en algunas tareas de mi trabajo, durante varios años evité activamente decir sí a cualquier propuesta que no fuera esencial.

El problema era que mi sistema nervioso había aprendido un nuevo patrón. Había codificado hablar en público como peligroso, y eso significaba que mis niveles de estrés se disparaban con solo pensarlo. Y, por supuesto, cuanto más sucedía esto, más se reforzaba el patrón.

Cómo el cerebro crea nuestros hábitos y nuestro comportamiento

Uno de los milagros del ser humano es nuestra capacidad para encontrar sentido y orientarnos en un mundo cada vez más complejo y vertiginoso. En el capítulo 6 hablamos de nuestras creencias y de cómo desarrollamos simplificaciones del mundo que nos rodea para poder seguir viajando a través de él. Bueno, nuestro inconsciente aprende a repetir estos patrones que cree que nos mantendrán a salvo.

En el ámbito neurológico, estas creencias son, en efecto, hábitos en nuestro pensamiento que se conectan al cerebro. Nuestras neuronas (células cerebrales) literalmente construyen conexiones para ayudar a que ciertos patrones de pensamiento se ejecuten con mayor efectividad. Del mismo modo que se construye una autopista por encima de una ciudad, nuestro cerebro crea conexiones neurológicas para acelerar su eficacia.

En 1949 el neurocientífico canadiense Donald Hebb acuñó la frase «las neuronas que se activan juntas, se conectan entre sí». Con esto quiso decir que, cuanto más usamos un determinado circuito neuronal, más fuerte se vuelve ese circuito. Es a través de este proceso que incorporamos ciertas formas de pensar, razón por la cual con solo querer que algo sea diferente muchas veces no es suficiente para cambiarlo. En pocas palabras, nuestro cerebro está moldeado por los patrones que ejecutamos, y este proceso se conoce como neuroplasticidad (*neuro*: cerebro; *plasticidad*: flexibilidad o capacidad de cambiar).

En el caso de mi experiencia hablando en público, en los años posteriores al evento inicial, mi cerebro continuó codificando tal acto como peligroso, por lo que construí una vía ultrarrápida para desencadenar una respuesta de estrés, incluso si solo anticipaba tener que hablar. Y se convirtió en una profecía autocumplida: cuanto más sucedía, más difícil se volvía la ruta.

Por qué es importante la compasión

Ser consciente de la forma en que nuestro cerebro crea hábitos y comportamientos y establece conexiones dentro de sí mismo para reforzarlos es importante no solo para comprender cómo iniciar el cambio, sino también para aportar más compasión a la situación. Cuando se trata de adicciones, por ejemplo, más allá de las necesidades emocionales y los factores que las alimentan, suele haber un hábito muy arraigado en el cerebro y el sistema nervioso.

Para alguien que no es adicto a la nicotina es fácil, por decirlo así, juzgar a quienes batallan para dejar de fumar. Pero cuando el cerebro de una persona está programado para consumir cigarros cuando quiere cambiar su estado emocional, y también para funcionar en su vida diaria, dejar de hacerlo es mucho más difícil. De hecho, es probable que existan numerosos desencadenantes en diferentes situaciones, y todos conducen a la misma acción: fumar. Y cuando se elimina esta opción, en el corto plazo, todo el sistema queda desequilibrado, lo que es probable que sea otro detonante más para fumar.

Aunque, por supuesto, se requiere un nivel de disciplina y motivación para hacer cambios, también debemos recordar que la nicotina de una persona puede ser la necesidad de ejercicio de otra, y que puede tomar algo de tiempo y habilidad aprender a interrumpir y reconfigurar nuestra programación. Cuanto más duros seamos con nosotros mismos, más probabilidades tendremos de continuar en el patrón que estamos tratando de cambiar. Por ello, encontrar una manera de afrontar con bondad y empatía nuestros hábitos perjudiciales, muchas veces, es una parte esencial del cambio.

Reentrenar nuestro sistema nervioso

La buena noticia es que la ciencia de la neuroplasticidad ha demostrado con claridad que es posible reconfigurar nuestros patrones de comportamiento.[1, 2] Aunque puede requerir cierta diligencia, paciencia y habilidad entrenar un nuevo patrón, si trabajamos para condicionarnos a una nueva forma de funcionar, con el tiempo puede convertirse en nuestro estándar.

Además, la investigación sobre las células del cerebro es fascinante. Si bien es cierto que a medida que envejecemos nuestras neuronas se van atrofiando, lo cierto es que tenemos diez veces más capacidad cerebral de lo que se pensaba.[3] Y lo más importante es que podemos crear nuevas vías neuronales a lo largo de nuestra vida. De hecho, después de la muerte de Albert Einstein, se descubrió que sus lóbulos parietales (la parte superior trasera de su cerebro) eran un 15% más grandes que el promedio. Como un músculo, nuestro cerebro responde al desafío.

Cuando trabajamos activamente para cambiar un patrón de comportamiento, al principio se requiere esfuerzo y concentración porque estamos trabajando contra una programación que podría haber estado ejecutándose durante décadas. Además, el nuevo patrón nos resultará desconocido e incluso incómodo. Pero con el tiempo, estaremos construyendo nuevas vías neuronales. Para construirlas, debemos trabajar enérgicamente para reentrenar nuestro sistema nervioso. Así como lo hacemos cuando desarrollamos una nueva habilidad, pasamos por una serie de etapas para instalar un nuevo patrón de comportamiento. Estas se dividen de la siguiente manera:

- INCOMPETENCIA INCONSCIENTE: no sabemos lo que no sabemos; es decir, no sabemos que el patrón que queremos cambiar es un problema.

- INCOMPETENCIA CONSCIENTE: sabemos lo que no sabemos, pero no tenemos otras opciones disponibles.
- COMPETENCIA CONSCIENTE: tenemos un nuevo patrón disponible, pero se necesita un esfuerzo consciente para ejecutarlo.
- COMPETENCIA INCONSCIENTE: el nuevo patrón casi no requiere esfuerzo consciente y puede ejecutarse inconscientemente.

Cómo ponerle un ALTO a un patrón de comportamiento

En la etapa de competencia consciente, somos en especial vulnerables a rendirnos y sentir que no tenemos la capacidad necesaria para lograrlo. Pero la clave es permanecer con el patrón para entrenar a nuestro sistema nervioso hasta que se convierta en la nueva competencia inconsciente. En términos de neuroplasticidad, necesitamos establecer la nueva ruta.

En última instancia, lo que necesitamos es una manera de detectar e interrumpir los patrones de comportamiento perjudiciales que tenemos. En mi RESET Program® en línea le dedicamos a esto bastante tiempo, incorporando técnicas específicas que hemos desarrollado dentro de la metodología de Therapeutic Coaching®. Sin embargo, una forma sencilla de introducir algunos de los elementos clave es aprender a hacer un ALTO en el patrón existente y crear una nueva forma de ser:

1. **A**dvertir el patrón
2. **L**ograr hacer una pausa
3. **T**ener apertura hacia tus cuerpos físico y emocional
4. **O**vacionarte a ti mismo

Exploremos este proceso paso por paso.

1. Advertir el patrón

Ya hemos hablado mucho sobre la importancia de estar atento, consciente, para aprender a ver los patrones que operan en nosotros, en particular en el capítulo 8, donde exploramos los cinco patrones de personalidad. A estas alturas es probable que ya estés harto de que te diga «Si puedes verlo, no tienes que serlo», pero cuanta más conciencia general desarrollemos respecto al patrón que estamos ejecutando, mayor será la probabilidad de que logremos verlo a medida que actúa. Al ver el patrón en acción, podemos hacer algo al respecto.

2. Lograr hacer una pausa

Una vez que vemos el patrón que estamos ejecutando, debemos hacer una pausa y cambiar el estado de nuestro sistema nervioso. Cuando un patrón de pensamiento o comportamiento cobra impulso, en particular si nuestro sistema nervioso se activa, lo último que podemos desear es detenernos, pero también es lo que con mayor probabilidad marca la diferencia.

Al cambiar a un modo diferente, es decir, regresar a un estado de socialización y a uno de curación, rompemos el patrón y le enseñamos a nuestro sistema nervioso una respuesta diferente. Hacer una pausa puede ser tan sencillo como tomar una respiración profunda.

3. Tener apertura hacia tus cuerpos físico y emocional

Mientras haces la pausa, lo siguiente es abrir tu atención a lo que ocurre en tus cuerpos físico y emocional. El primer paso consiste en aterrizar y conectarte con el momento. Recuerda: las sensaciones y experiencias de nuestros cuerpos físico y emocional son la puerta de entrada al momento presente.

El segundo paso es comenzar a trabajar con aquello de lo que te hayas estado desconectando e intentando escapar. Al prestarle tu atención *real* a aquello que necesita atención, las situaciones pueden comenzar a flexibilizarse y cambiar. Exploraremos esto más a fondo en el siguiente capítulo.

4. Ovacionarte a ti mismo

Al realizar el paso anterior, querrás felicitarte por la nueva dirección que estás tomando. Además de crear un paisaje interior más bondadoso y protector, este amable refuerzo ayuda a crear un nuevo patrón para hablarte de diferente forma.

Felicitarte a ti mismo puede ser tan simple como decirte «bien hecho» o «muy bien». Aunque podría ser tentador omitir este paso, por favor, no lo hagas. De hecho, quienes tenemos más probabilidades de no dedicarnos un refuerzo positivo, seguramente somos quienes más lo necesitamos.

Puedes poner proactivamente un ALTO, es decir, pensar en situaciones futuras y luego practicar en tu mente cómo responder de diferente manera, y también puedes ponerlo reactivamente, en momentos en que te encuentres atrapado en un patrón particular de pensamiento.

Sé que el proceso de poner un ALTO suena muy simple, pero en muchos sentidos, esta simplicidad es lo que lo hace tan efectivo.

Cuando buscamos cambiar un patrón existente, si cada vez necesitamos atravesar un proceso interno largo y complejo, no tendrá el efecto necesario para enseñarle a nuestro sistema nervioso a actuar de diferente manera.

Al tener un mensaje muy claro para cambiar el enfoque, estamos reconfigurando de manera activa nuestro cerebro para ir en una dirección distinta al tiempo que entrenamos para que sea el nuevo patrón. Recuerda que, de cualquier modo, estamos aprendiendo nuevos hábitos y patrones todo el tiempo; la diferencia aquí es que lo hacemos con intención y conciencia. En definitiva, estás aprendiendo a entrenar la competencia inconsciente para establecer el nuevo patrón en tu cerebro y tu sistema nervioso.

Condicionar el cambio

Si hablamos de captar e interrumpir un patrón, la velocidad en la que lo hacemos también importa. Mientras más tiempo dejamos correr el patrón perjudicial de pensamiento o comportamiento, más fuerte se hace esa ruta neuronal. Cuanto más rápido y consistentemente captemos el patrón, lo interrumpamos y lo cambiemos por un nuevo pensamiento o comportamiento, mejor podremos formarlo como la nueva ruta.

Para detectar con consistencia nuestros patrones, se requiere disciplina y compromiso con nuestro trabajo de sanación. Cuanto más invirtamos en cambiar estos patrones, más fácil resultará, ya que tendremos cierto impulso gracias a la nueva ruta neuronal.

Con el tiempo, es probable que notes que este proceso se convierte en una respuesta natural para ti. Mientras que en un inicio trabajaste duro incluso para ver los patrones, no se diga para cambiar tu estado, con el tiempo el proceso lo hace casi por sí solo. En efecto, ¡esa es la neuroplasticidad en acción!

Abrirnos a una sanación más profunda

Ahora soy consciente de que mientras lees esto podrías estar pensando: todo esto está muy bien, pero ¿qué hay de la sanación emocional más profunda que podríamos necesitar como parte del proceso de sanar nuestro trauma? Bueno, estamos a punto de llegar ahí. Pero, por favor, no subestimes la importancia del trabajo de preparación.

Al aprender a regresar con consistencia a nuestros cuerpos físico y emocional, también estamos entrenando a nuestro sistema nervioso para que tenga una homeostasis diferente. De la misma manera en que nuestro sistema nervioso ha sido moldeado inconscientemente por años de experiencias de vida, el poder de este trabajo es que ahora puedes aprender a entrenar a conciencia un modo distinto de vivir y sentir en tu sistema nervioso. Se necesita práctica y paciencia para hacerlo, pero los posibles resultados tienen el potencial de cambiar tu vida.

Este fue en definitiva el caso de Mónica (a quien conociste en el capítulo 8) cuando se trató de transformar su depresión y su ansiedad. Encontró particularmente útil el proceso de hacer un ALTO. Varias veces a lo largo del día se sorprendía apresurándose a realizar la siguiente actividad o ignorando sus propias necesidades. Mientras lo hacía, trabajó duro para cambiar su respuesta predeterminada.

Por ejemplo, **A**dvertía el patrón de ir más allá de sus límites y **L**ograba hacer una pausa, se detenía por un momento y respiraba hondo unas cuantas veces. Luego **T**enía apertura hacia sus cuerpos físico y emocional haciendo una mínima meditación y ralentizando todo. Al final, se **O**vacionaba a sí misma reconociendo los cambios que estaba realizando.

Mientras Mónica trabajaba más para romper el hábito de sus patrones de ayudante y triunfadora, y mientras más calmaba su sistema nervioso mediante la meditación, más se transformaba su estado de ánimo. Al comprometerse a cultivar una forma de ser más sostenible y de autocuidado, por primera vez en muchos años sintió verdadera felicidad y alegría.

Y, a medida que la vida de Mónica se desaceleró, ella también pudo abrirse a la sanación más profunda que su corazón necesitaba. A medida que dirigimos nuestra atención hacia el siguiente paso de tu viaje de sanación, primero debemos resaltar las formas en que aprendiste a no sentir tus sentimientos.

CAPÍTULO 11

Las seis defensas emocionales

Lauren tenía poco más de 30 años y parecía tener una vida envidiable. Su casa era una hermosa cabaña en un idílico pueblo en las afueras de Londres, y tenía un Porsche, que era su orgullo y alegría, estacionado en la entrada. Había creado una carrera profesional exitosa que la llevó a viajar por el mundo y esperaba formar una familia con su novio, y sumarla al ya complicado hogar de ambos con perros y gatos.

Solo que las cosas no eran como parecían. A lo largo de su vida adulta, Lauren había luchado contra la depresión, la ansiedad y los trastornos alimentarios. En tiempos recientes, también había estado sintiendo una fatiga paralizante. El barniz pulido que colocó con gran cuidado empezaba a agrietarse y, como es el caso de la mayoría de nosotros, las raíces de todo se encontraban en su infancia.

La madre de Lauren la había dado a luz en Sudáfrica, pero pronto decidió que no podía hacer frente a la nueva situación y la dio en adopción. En el último minuto, el padre de Lauren decidió que no quería perder a su bebé y la llevó consigo de regreso a Inglaterra. Durante los primeros ocho años de su vida, Lauren estuvo cerca de su padre y su madrastra, quienes luego tuvieron su propio hijo juntos y, de repente, ya no la hicieron sentir bienvenida.

Cuando Lauren tenía 10 años, la enviaron a vivir con su madre, quien la presionaba día y noche acerca de su apariencia, diciéndole que hiciera dieta y perdiera peso. Al poco tiempo, la enviaron nuevamente a otro lado, esta vez a vivir con sus tíos. Su estancia tampoco duró mucho y, con el tiempo, el padre y la madrastra de Lauren la aceptaron a regañadientes otra vez.

Lauren se mudaba de manera constante; en cierto momento ya había asistido a cuatro escuelas en tan solo seis meses. No permanecer en un lugar por más de unos pocos años hacía imposible construir amistades sostenibles con otros niños. En la primera oportunidad, a los 16 años, Lauren se fue de casa, pero su vida no fue más fácil.

Ella misma financió sus estudios universitarios y tomó tres trabajos mientras intentaba obtener su título. No es sorprendente que tuviera una crisis nerviosa en su último año. Tan pronto como recuperó cierta sensación de normalidad, se lanzó de lleno a su carrera profesional. Creía que cuanto más autosuficiente fuera, menos dependiente sería de los demás y más segura estaría en el mundo.

Autolesión emocional

Lauren y yo comenzamos a trabajar juntos en mi serie de YouTube *In Therapy with Alex Howard*, y de inmediato me llamó la atención el contraste entre la personalidad que ella mostraba al mundo y cómo se sentía. Eso me recordó que, con frecuencia, cuanto más perfecta es la imagen que presentamos de nosotros mismos, mayor es el sufrimiento y más sentimos la necesidad de ocultarnos.

Para mí estaba claro que para que Lauren sanara los traumas de su pasado, primero tenía que estar en contacto con su verdad emocional. El problema era que gran parte de su vida adulta se había construido en torno a sus estrategias para no sentir sus emociones. Ya fuera que evitara el sufrimiento al final de una relación saliendo de fiesta día y noche o que lidiara con sus problemas de autoestima poniéndose implantes mamarios e inyecciones de bótox, la solución de Lauren al dolor era hacer todo lo posible para cambiarlo o evitarlo.

Cuando el anhelo más importante de nuestro corazón es el amor, la seguridad y los límites que con tanta desesperación necesitamos, pasar nuestra vida huyendo de estos impulsos una y otra vez es, en cierto sentido, una forma de autolesión. Aunque, por supuesto, existen ejemplos obvios de autolesión, como cortarse e infligir lesiones deliberadas en el cuerpo, en mi experiencia, muchos de nosotros, sin saberlo, ejercemos formas más sutiles. Cada vez que rechazamos el anhelo de nuestro corazón e ignoramos nuestras necesidades emocionales básicas, nos dañamos a nosotros mismos.

En muchos sentidos, la historia de Lauren es la historia de todos nosotros. Como hemos estado explorando, cuando no digerimos y procesamos nuestras emociones, estas no solo desaparecen. De hecho, mientras mayor intensidad aplicamos para reprimirlas, más debemos esforzarnos para escapar de ellas.

En pocas palabras, para sanar nuestro trauma emocional, debemos ser capaces de *sentirlo*. Dicho de otra manera, no puedes sanar lo que no sientes. Al aprender a volcarnos hacia nuestras emociones y abrirnos a ellas, estamos dando un paso fundamental no solo para sanar el pasado, sino también para avanzar hacia un futuro libre de nuestros sufrimientos anteriores.

Comprender las seis defensas emocionales

Hace varios años, como parte del modelo de Therapeutic Coaching®, mi colega Anna Duschinsky y yo trazamos las diferentes estrategias que habíamos observado en nuestros pacientes (¡y en nosotros mismos!)

para evitar conectarse emocionalmente con ellos mismos. A estas las llamamos *las seis defensas emocionales*, puesto que son seis formas diferentes en que podemos defendernos para no sentir nuestras emociones. Dicho de otra manera, son seis formas de autolesión, porque con ellas nos rechazarnos a nosotros mismos y a nuestra experiencia emocional.

Al colocar bajo un reflector nuestras defensas emocionales y comprenderlas a profundidad, podremos comenzar a pensar en alternativas para nuestros hábitos y comportamientos. Recuerda, si puedes verlo, no tienes que serlo, y cuanto más nos percatemos de ello, más opciones nos brindaremos. Vale la pena señalar que podemos utilizar una o todas las defensas emocionales que se enumeran a continuación en diferentes momentos de nuestra vida.

1. EVITACIÓN Y DISTRACCIÓN: permanecer constantemente ocupados y distraídos de nuestras emociones para no tener tiempo ni espacio para sentirlas.
2. CAMBIAR DE ESTADO: utilizar «herramientas» externas, como alimentos, alcohol, drogas y ejercicio para cambiar cómo nos sentimos.
3. ANÁLISIS: utilizar nuestro intelecto y nuestra mente para «pensar» acerca de cómo nos sentimos, en lugar de sentir en realidad.
4. CULPAR A LOS DEMÁS POR NUESTROS SENTIMIENTOS: en lugar de sentirlas como propias, culpamos a los demás por nuestras emociones y, por lo tanto, no las sentimos en plenitud.
5. EMPATIZAR: sentir los sentimientos de los demás como si fueran los nuestros dificulta distinguir lo que sentimos en realidad.

6. SOMATIZAR: experimentar las emociones como síntomas físicos; por ejemplo, el dolor físico como manifestación de un dolor emocional no procesado.

Veamos ahora estas defensas emocionales con cierto detalle. Mientras lo hacemos, una vez más me gustaría animarte a que seas amable contigo mismo. Este es un material delicado y usarlo como arma para golpearte a ti mismo no solo es cruel, sino que también agrega más obstáculos a tu sanación.

1. Evitación y distracción

Existen numerosas y diferentes defensas de evitación y distracción que podemos utilizar. Desde lo más sutil, como tener encendida todo el tiempo la radio o la televisión, hasta lo más descarado, como trabajar cada minuto de cada día para que no tengamos tiempo de pensar y mucho menos de sentir. El principio básico de esta defensa es que, al llenar nuestros sentidos con ruido en sus múltiples formas, mantenemos la mente ocupada y la atención lejos de nuestras emociones.

Cuanto más intensos sean los sentimientos que intentamos evitar y de los que procuramos distraernos, más dramáticas serán las estrategias que podríamos estar utilizando. Para Lauren, la estrategia era mantenerse siempre en movimiento, ya fuera en su tiempo laboral o recreativo. Incluso encontraba satisfacción en esto y sus amigos la conocían por ello. Cuando se sentía ansiosa, se ocupaba más, y cuando su corazón le decía que necesitaba tiempo para sentir, hacía un esfuerzo mayor para conseguir un ascenso.

¿Alguna de las siguientes afirmaciones te suena familiar?

- Siempre estás ocupado y necesitas estar en movimiento.
- Sientes la necesidad de tener siempre algún ruido de fondo, como la televisión o la radio.
- No te sientes cómodo estando tranquilo y a solas; siempre necesitas alguna estimulación.
- No puedes reducir el ritmo y relajar tu cuerpo, o solo te desconectas cuando estás totalmente agotado.
- Te comprometes demasiado con todos en tu vida de forma constante, excepto contigo mismo.

2. Cambiar de estado

En esencia, cambiar de estado consiste en utilizar cualquier tipo de «herramienta» externa para modificar lo que sentimos. Algunas de estas herramientas parecen saludables y apropiadas a primera vista, mientras que otras pueden ser mucho más dañinas. Las herramientas más obvias para cambiar el estado son el sexo, las drogas, el alcohol y la comida. Algunos ejemplos menos obvios son el ejercicio, la búsqueda constante de euforia en el trabajo y tener citas obsesivamente.

No es que todo esto sea malo en sí; el problema aquí es cómo utilizamos estas herramientas reiterativamente para cambiar nuestro sentir. Por ejemplo, ir al gimnasio para desahogarse después de un largo día de trabajo es por completo apropiado y, de hecho, ayuda a cambiar nuestro estado de forma positiva; sin embargo, estar tan obsesionados con el ejercicio al grado de utilizarlo para deshacernos una y otra vez de nuestros sentimientos es una forma de rechazarnos a nosotros mismos.

El cambio de estado se utiliza a menudo cuando alguien tiene muchos traumas o emociones que son demasiado fuertes para evitarlos y distraernos de ellos y, en cierto sentido, puede servir de automedicación. También se presenta en personas que se sienten emocionalmente adormecidas como una respuesta de desconexión ante la negligencia emocional, física o intelectual, y solo quieren sentir algo.

¿Alguna de las siguientes afirmaciones te suena familiar?

- Solo puedes relajarte y descansar al final del día con varias copas de vino; no es lo mismo necesitar fisiológicamente una copa de vino para relajarte que disfrutar de una en ocasiones.
- Cada vez que estás sensible, buscas comida para cambiar esa sensación.
- Tienes una adicción actualmente o antecedentes de alguna, ya sea a las drogas, al sexo, al alcohol, al juego o a cualquier otra cosa que sea potencialmente destructiva.
- Siempre estás persiguiendo la siguiente aventura y buscando experiencias positivas en el futuro para que algo te haga sentir mejor en el momento.

3. Análisis

Sobreanalizar e intelectualizar nuestros sentimientos, en lugar de sentirlos, puede hacernos creer que estamos en contacto con nuestras emociones sin estarlo de verdad. A menudo hay mucha actividad mental y cuando nos preguntan cómo nos sentimos, tendemos a responder de modo instintivo, con una respuesta que comienza con «Creo que…».

En ocasiones particulares, el análisis puede ser difícil de detectar. En la superficie, puede parecer que entramos en contacto con nuestros sentimientos porque podemos describirlos de maneras sorprendentemente articuladas. Sin embargo, hay una gran diferencia entre ser capaces de describir racionalmente nuestros sentimientos y sentirlos en realidad y rendirnos a ellos.

El análisis es una defensa común si crecimos en un entorno que valoraba el intelecto por encima de los sentimientos. También suele ser el resultado de que no haya suficiente seguridad emocional como para abandonar la aparente seguridad de nuestra mente y sentir los movimientos de nuestro corazón.

Como resultado, constantemente tratamos de *pensar* cómo lograr un *sentimiento* de seguridad. La creencia es «si puedo entender todo lo que está pasando y tener una respuesta a todo lo que pueda surgir, me sentiré seguro». El problema es que cuanto más hacemos esto, más nos desconectamos de nuestras emociones. Como expliqué antes, la sensación de seguridad que buscamos es un sentimiento, no un pensamiento, por lo que ninguna idea nos llevará allí.

Parte del problema con el análisis es que genera un estado constante de ansiedad, y cuanto más intensas se vuelven nuestras emociones, más rápido debe ir nuestra mente para escapar de ellas. También puede ser un factor detrás de patrones como el trastorno obsesivo-compulsivo (TOC), en el que creemos que nuestra seguridad es el resultado de ciertos pensamientos o acciones.

¿Alguna de las siguientes afirmaciones te suena familiar?

- Sufres de ansiedad y una mente hiperactiva.
- Para sentirte seguro, necesitas evaluar las situaciones con antelación para comprender lo que podría suceder.
- Te encuentras describiendo cómo te sientes de manera cognitiva en lugar de apreciar la forma en la que te sientes con tus verdaderas emociones.

- Crees que se deben cumplir ciertas condiciones para sentirte seguro.
- Te sientes emocionalmente desconectado del mundo y confundido por las reacciones demasiado emocionales de otras personas.

4. Culpar a los demás por nuestros sentimientos

De alguna manera estamos en contacto con nuestros sentimientos, pero en lugar de sentirlos en realidad, nos quedamos atrapados en la historia de por qué se deben a otras personas y les atribuimos la culpa. Podemos terminar sintiendo mucho sin siquiera estar en completo contacto con ello o procesar nuestras emociones.

Quizá te enojes con tus padres continuamente, porque sientes que te fallaron cuando eras niño; o tal vez el comportamiento de los demás te hace reaccionar con gran facilidad y no tardas en culparlos por ello. O tal vez tienes un constante sentido de rectitud respecto de los acontecimientos mundiales y de las personas codiciosas y deshonestas que crees que son la causa de la miseria de los demás.

Por supuesto, lo que es muy interesante es que esos mismos instintos de codicia y deshonestidad existen en todos nosotros. Y, aunque no estoy aquí para defender las acciones de aquellos en el poder, y en definitiva es cierto que el privilegio existe y que el mundo no es un campo de juego equitativo, si una fuerza primaria en nuestra psique es culpar reiteradamente a los demás, el peligro es que quedemos atrapados en un ciclo de reactividad que nos prive de la oportunidad de profundizar en nuestro propio corazón.

¿Alguna de las siguientes afirmaciones te suena familiar?

- Reaccionas de forma abrupta y severa ante las acciones de otras personas.

- Criticas y culpas con rapidez a los demás por hacerte sentir algo.
- Sueles despotricar en tu mente sobre cómo se comportaron los demás.

5. Empatizar

Los empáticos, a veces conocidos como «personas altamente sensibles», asumen los sentimientos de los demás y los viven como propios. Pueden ser muy sensibles al entorno en el que se encuentran y a las personas que los rodean. Ser empático puede ser agotador y aumentar aún más nuestra carga emocional en apariencia interminable.

Con las otras defensas emocionales, el problema puede ser que a duras penas sentimos, pero los empáticos tienen el problema opuesto: sienten tanto que se abruman. Y debido a que gran parte de lo que sienten no son siquiera sus «asuntos», les resulta difícil separar sus emociones de las ajenas, o incluso superar los «asuntos» de los demás para procesar los propios.

Parte del desafío de los empáticos es que, aunque se sienten en contacto con sus emociones debido a todo lo que experimentan, lo que suelen hacer es cargar con las emociones de los demás, distanciándose aún más de las suyas. Y, aunque en ese momento parezca que están brindando un gran servicio emocional al sostener las emociones de alguien, en realidad nadie puede metabolizar las emociones de otra persona. Por lo tanto, es una búsqueda infructuosa, aunque las intenciones del empático sean buenas.

Para aclarar, no digo que no debamos dejar espacio para otras personas o abrir nuestro corazón a su dolor y sufrimiento. Mi punto es que al sentir y asumir las emociones de los demás, no les servimos y, en última instancia, podemos estar cayendo bajo el hechizo de un patrón familiar para nosotros mismos.

Ser empático puede ser producto de haber crecido en un entorno que nos parecía inseguro y en el que aprendimos a navegar fusionándonos y sintiendo las emociones de otras personas en un intento por predecir o controlar su comportamiento para mantenerlos seguros. También puede ser el resultado de habernos criado en un ambiente donde no había mucho espacio para tus sentimientos, como ser un segundo o tercer hijo con hermanos dominantes en el aspecto emocional.

¿Alguna de las siguientes afirmaciones te suena familiar?

- Encuentras agotador estar rodeado de otras personas.
- Estás más en contacto con los sentimientos de otras personas que ellas mismas.
- Otras personas consideran que eres una presencia tranquilizadora y de apoyo y, con frecuencia, afirman que se sienten «más ligeros» después de estar contigo.
- El mundo puede parecer un lugar abrumador e intenso en el aspecto emocional.
- Notas que atraes a tu vida a personas con necesidades emocionales y que no son buenas para expresar sus propias emociones de manera saludable.

6. Somatizar

Somatizar ocurre cuando experimentamos nuestras emociones como síntomas físicos. En pocas palabras, nuestro dolor emocional no procesado se convierte en dolor físico. La energía de nuestras emociones debe ir a algún lugar de nuestro cuerpo, y los síntomas físicos son una forma de expresarla. El problema es que esto no nos ayuda a procesar el dolor emocional y provoca más sufrimiento en el camino.

Los síntomas físicos pueden ser casi cualquier mal, pero son particularmente comunes los problemas digestivos, el dolor de espalda y los dolores de cabeza. A lo largo de los años, ha habido varios modelos que rastrean los problemas emocionales hasta sus síntomas físicos, y aunque creo que a veces pueden ser una fuente útil de reflexión, nunca los he encontrado precisos ya que, según mi experiencia, cada persona es única en la forma en que almacena y retiene sus emociones.

También es fundamental tener en cuenta que la somatización por sí sola puede no ser la única causa de un síntoma. Por ejemplo, también puede haber un problema físico; sin embargo, las emociones somatizantes aumentan esta carga o inhiben la capacidad curativa natural del cuerpo.

¿Alguna de las siguientes afirmaciones te suena familiar?

- Tienes problemas digestivos.
- Sufres de dolor crónico sin origen físico conocido.
- Tienes migrañas.
- Tienes síntomas físicos inexplicables.
- Tus síntomas físicos empeoran cuando te sientes abrumado.
- Cuando estás más relajado, a veces notas una mejora en tus síntomas físicos.

Mientras reflexionas sobre estas seis defensas emocionales, ¿cuál de ellas te resulta más familiar? Como dije antes, es posible que experimentes varias o incluso todas. Recuerda: no es que todos estén equivocados. Los problemas surgen cuando los usamos como formas continuas para desconectarnos, defendernos y, finalmente, no sentir ni sanar nuestras emociones.

Descubre tus defensas emocionales

Mientras más conciencia tengamos de estas defensas emocionales, más capaces seremos de tomar decisiones diferentes y más saludables. Muchas veces, el solo hecho de tomar conciencia de ellas es un paso útil para cambiarlas. Vale la pena señalar que tomar conciencia de nuestras defensas tiende a evolucionar en tres etapas:

- Reconocemos que tenemos una defensa, pero sin ejemplos concretos.
- Podemos encontrar ejemplos específicos de la defensa y ver cómo actúa.
- Podemos identificar la defensa en tiempo real, mientras se manifiesta.

A medida que avanzamos para ver estas defensas emocionales en tiempo real, tenemos el poder de cambiarlas. Entonces, el propósito de estas tres etapas es mejorar el reconocimiento de las defensas, con ejemplos específicos en retrospectiva, para finalmente verlas a medida que ocurren.

SITUACIÓN | SENTIMIENTO | RESPUESTA

Este ejercicio está diseñado para ayudarte a descubrir las defensas emocionales que utilizas en tu vida. Te animo a que lo hagas a diario durante una o dos semanas, y lo ideal es al final de cada día, para que puedas identificar ejemplos. Los pasos son muy simples, pero también muy poderosos. Puedes descargar una hoja de trabajo (disponible en inglés) para completar el ejercicio en <www.alexhoward.com/trauma>.

1. Lo primero que buscarás es una **situación** en la que ocurrió algo que desencadenó (o podría haber desencadenado) una respuesta emocional. Esta podría haber sido un desacuerdo con tu jefe, que tu desayuno se cayera al suelo, llegar tarde con un amigo o cualquier otra situación.
2. A continuación, buscarás lo que estabas **sintiendo**. Ahora bien, en realidad, es posible que tu defensa emocional se haya activado con tal rapidez que no tuviste la oportunidad de percibirla. De hecho, la razón por la que haces este ejercicio es para comprender cómo te distraes de lo que sientes. Entonces, si no sabes lo que sentiste en la situación, puedes adivinar lo que pudo haber sido.
3. Al final, buscarás tu **respuesta** al sentimiento. ¿Qué hiciste con lo que sentiste? ¿Lo evitaste? ¿Buscaste una manera de cambiar tu sentimiento? ¿Racionalizaste tus sentimientos? ¿Culpaste a alguien más por tus sentimientos? ¿Te ocupaste de cómo se sentía otra persona? ¿Desarrollaste algún síntoma físico, como dolor de cabeza? En otras palabras, ¿qué **defensa emocional** usaste?

Este es un ejemplo:

- **SITUACIÓN:** mientras cenabas con un familiar, te criticó por algo que habías dicho con toda inocencia.
- **SENTIMIENTO:** te sentiste herido, juzgado y manipulado emocionalmente.

- **RESPUESTA:** empezaste a hablar más rápido para intentar distraerte. También ingeriste más comida de la que querías como una forma de intentar cambiar lo que sentías. Y mientras conducías a casa, notaste que te dolía la cabeza.
- **DEFENSAS EMOCIONALES:** evitación y distracción (hablar más rápido); cambiar de estado (comer en exceso); somatizar (dolor de cabeza).

Al hacer este ejercicio con regularidad, es probable que notes qué defensas emocionales utilizas a menudo. Recuerda, este conocimiento es poder. Y una vez que hayamos analizado cómo puedes *sentir* tus sentimientos en los siguientes capítulos, tendrás todo un conjunto de nuevas y poderosas opciones.

Sanar es posible

Hablemos de Lauren por última vez. Mientras atravesábamos sus defensas emocionales, ella tuvo varias ideas importantes y encontró liberador el proceso. Aunque le resultaba difícil reconocer lo mucho que había estado escapando de sus sentimientos a lo largo de los años, fue un gran alivio darse cuenta de que había otra manera de comportarse.

Durante varios meses, hizo mucho más espacio en su vida para ella misma, lo que incluyó poner fin a su relación tóxica, reducir temporalmente sus horas de trabajo y comprometerse con su propia sanación. Con el tiempo, cambió su forma de relacionarse consigo misma y con los demás, de ese modo, sus problemas de salud también comenzaron a transformarse.

Lauren también descubrió que, en última instancia, sentir nuestras emociones duele mucho menos que rechazarlas y huir de ellas continuamente. De hecho, este es el siguiente punto en el que reflexionaremos juntos.

CAPÍTULO 12

Indaga en tus emociones

Relajado en mi cómodo sillón del Everyman Cinema en el norte de Londres, pensé que estaba en una velada normal con Tania (quien en ese momento era mi relativo nuevo amor). No había prestado mucha atención a la película que habíamos elegido; solo estaba feliz de haber salido temprano de la oficina y poder relajarme.

Veíamos la película de Danny Boyle, *127 horas*, que está basada en la historia real de Aron Ralston, un alpinista experimentado que, durante una excursión de senderismo en los EUA, cayó en un cañón y se quedó atrapado bajo una roca que aplastó su antebrazo y mano derechos. A medida que se desarrollaba la película, fuimos testigos de sus emocionalmente desafiantes intentos por escapar durante cinco días insoportables.

Primero, Aron intentó liberar su brazo usando fuerza bruta, y cuando no resultó, pidió ayuda a gritos. Con el paso de las horas, atravesó todas las emociones posibles, que oscilaron entre la esperanza, la desesperación y el terror. Luego, tras varios días sin éxito, desistió y se resignó a una muerte segura. Al aceptar la dolorosa inevitabilidad de su prematuro final, pudo rendirse. Grabó mensajes de despedida a sus seres queridos con su videocámara, escribió DEP en la roca y sucumbió al sueño.

Cuando despertó a la mañana siguiente, poco a poco descubrió que hasta rezar para morir era inútil, porque allí estaba, todavía atrapado, con mucho dolor y un proceso de muerte lento y desgarrador.

Después de un tiempo se dio cuenta de que solo le quedaba una opción. Para liberarse, tendría que cortarse el brazo. Primero, tuvo que romperse los huesos y luego, usando la única herramienta que tenía, una navaja suiza multiusos, atravesó su piel y, con las pinzas, cortó sus tendones.

Seguir el hilo

A lo largo de la película, estaba cautivado por lo que veía sin darme cuenta de que me estaba sucediendo algo inesperado, por lo menos hasta que terminó la película y comencé a llorar. En ese momento de mi vida, me sentía más o menos cómodo con mis emociones y sabía que no había más que hacer que dejar que brotaran las lágrimas.

Sin embargo, a medida que avanzaban los créditos, mis lágrimas no se disipaban como esperaba. De hecho, comenzaron a intensificarse. Desafortunadamente, no soy un llorón elegante, sino uno bastante mocoso y ruidoso; con seguridad, quienes me rodeaban debieron haberse preguntado qué diablos estaba pasando. Tania me tomó del brazo con dulzura y me preguntó si estaba bien, pero yo no podía hablar. Solo asentí mientras las lágrimas seguían abrumándome. No podía moverme, pero tampoco podía dejar de llorar.

Por fortuna, nos habíamos estacionado a la vuelta del cine y Tania me tomó de la mano mientras caminábamos con rapidez hacia el auto, que de pronto me pareció un santuario de seguridad. Allí, le entregué las llaves a Tania y le indiqué, con un movimiento de cabeza, que condujera; y en cuanto me deslicé en el asiento del pasajero, la marea de emociones me atravesó de nuevo y las lágrimas comenzaron a fluir incontrolablemente. Por fortuna, la formación de Tania como psicoterapeuta significó que sabía que solo tenía que sentarse conmigo y mantener con paciencia el espacio mientras la emoción seguía liberándose.

Después de al menos otros diez minutos, al fin logré recuperar un poco el aliento. Habíamos planeado cenar en uno de nuestros restaurantes favoritos, pero Tania me miró con delicadeza y me dijo: «¿Te gustaría cenar en casa?». Me limité a asentir. Mientras Tania conducía, poco a poco logré encontrar cierto espacio bajo las lágrimas. Como había aprendido a lo largo de los años, hice el trabajo de sintonizarme con lo que en realidad estaba sintiendo y seguí el hilo de mi propia vida hacia lo que se había desencadenado. La respuesta no tardó mucho en llegar.

Aunque los eventos externos eran muy diferentes, el viaje interno que Aron había emprendido era un paralelo casi perfecto con mi experiencia emocional padeciendo una enfermedad crónica con encefalitis miálgica/síndrome de fatiga crónica (EM/SFC): la desesperación y la falsa esperanza; la ira y la frustración; el dolor y la desilusión. Pero lo que realmente me golpeó fue la terrible verdad de que ni rendirme funcionaba porque, como Aron, me había rendido tantas veces y, sin embargo, a la mañana siguiente me despertaba y tenía que sobrevivir otro día a mi infierno personal. También me conmovió profundamente ver que Aron pudo encontrar ayuda y se dio cuenta de que había sobrevivido y que ya no estaba solo.

Para mí, la experiencia de estar atrapado en un cuerpo averiado que no sanaba, tener una desesperación absoluta y sentirme solo, además de creer que nunca me recuperaría, era una herida insondable en mi cuerpo emocional que aún no había sanado por completo. Ser testigo del viaje de Aron había activado el recuerdo sin sanar de esas mismas emociones dentro de mi propio corazón y cuerpo. Mi gran costal negro de emociones no procesadas se abrió y reveló un trauma que estaba listo para sanar.

Más tarde, sentados en la cocina, le conté a Tania lo que surgía y sentí su dulce y hermoso apoyo mientras ella presenciaba la sanación espontánea que se había desencadenado en mi interior. Ella sabía que lo único que podía hacer era sentir y darle la bienvenida a los sentimientos a medida que se metabolizaban y procesaban.

La herramienta de investigación

Como discutimos antes, la psicología dominante se ha apresurado a descartar nuestras emociones como algo que debe arreglarse, de forma ideal, o al menos algo que debe gestionarse. Sin embargo, la realidad es que nuestro cuerpo emocional, el hogar de nuestra vida emocional, necesita alimento y cuidado como nuestro cuerpo físico.

Nuestro cuerpo emocional suele considerarse una parte problemática o disfuncional de nosotros, por la que debemos esforzarnos en mantener bajo control. Y, sin embargo, la verdad es que hay una sabiduría increíble en la forma en que aprendemos a reprimir y guardar bajo llave lo que es demasiado difícil de sentir en cierto momento, y de igual modo, en cómo somos capaces de sanar en cualquier punto futuro, cuando las condiciones son las adecuadas.

Sin embargo, aunque nuestro cuerpo emocional nos protege en ese momento, a menos que nos comprometamos a crear el espacio para al fin sentir las emociones que están encerradas, pagaremos el precio de mantenernos presos de por vida.

Todos tenemos un universo dinámico de experiencia emocional que vive dentro de nosotros, y para que se produzca la sanación de nuestro trauma debemos aprender a abrirnos a él. La pregunta no es si tenemos emociones, sino con cuánta cercanía estamos en contacto con ellas. Como exploramos en el capítulo anterior, podemos tener todo tipo de defensas para no sentir nuestras emociones, pero esto no significa que desaparezcan; al contrario, nos hace huir de nosotros mismos.

Como exploramos en el capítulo 6, desarrollamos una variedad de creencias y significados sobre nuestras emociones, y así logramos mantenernos desconectados para no sentirlas. Ahora es tiempo de sentir lo que sucede si vamos más allá de estas creencias. Para hacer esto, usaremos una herramienta llamada *indagación terapéutica*.

Ir bajo la superficie

La práctica de la indagación terapéutica implica abrirse y explorar nuestro mundo interior y lo que sucede en él. Con paciencia y habilidad, aprendemos a navegar y a darle sentido a nuestro universo interior, en cuyo proceso, sentamos las bases para que se produzca nuestra sanación. Una metáfora útil consiste en que la indagación terapéutica es como encontrar nuestro camino dentro de un edificio a oscuras, guiándonos solo por un hilo. Al permanecer en silencio y conectados con nuestra experiencia, podemos percibir sutilmente el siguiente paso, confiando en que seguir el hilo nos llevará adonde debemos ir.

Un ejemplo sencillo de indagación terapéutica en acción es mi experiencia al ver la película *127 horas*. Al percibir cómo me sentía, pude seguir el hilo para comprender los orígenes y la historia que había detrás de esas emociones. Lo que podría parecer una reacción extrema ante una película bien hecha, fue en realidad la puerta de entrada para acceder a un profundo potencial de curación dentro de mí.

La indagación se puede utilizar así, de manera retrospectiva, para darle sentido a algo que ya estamos sintiendo, pero también puede ser una poderosa forma de abrirnos y comenzar a sentir emociones que en nuestro presente están fuera de nuestra percepción consciente.

Digamos que llegas a casa después del trabajo, sintiéndote nervioso y algo irritable. Te bañas y, cuando al fin consigues relajarte, decides indagar qué está pasando. Conforme respiras profundamente unas cuantas veces adentrándote en tu sensación de irritabilidad, debajo encuentras una intensa ansiedad en tu pecho. A medida que le das algo de espacio a la ansiedad, en tu mente sientes curiosidad por saber qué está pasando en *realidad*. Al invitar al sentimiento, ser firme en tu atención hacia él y fomentar una sensación de seguridad mientras lo enfrentas desde un lugar amoroso, notas que la ansiedad se relaja y revela un sentimiento de tristeza.

Cuando profundizas en tu conexión con la tristeza, dejas que las lágrimas fluyan y sientes una sensación de alivio en tu cuerpo. Mientras mantienes la curiosidad y la apertura a tu experiencia, surgen en tu mente recuerdos de un amigo cercano que falleció hace unos meses. Al reflexionar sobre esos recuerdos, tu corazón se siente ameno y sensible, y te das cuenta de cuánto extrañas a tu amigo.

Descubre lo que está pasando en realidad

En este caso, tu irritabilidad de la superficie era de hecho una señal de que no estabas en contacto con algunas emociones importantes que necesitaban espacio y atención amorosa. Los sentimientos de tristeza y pérdida no necesitan que *hagas* nada; más bien, necesitan que *estés* con ellos y les des su espacio. Al permitirte hacerlo, sentiste calidez y amor en tu corazón por tu amigo, y aunque lamentes la pérdida, también sientes el amor.

Al reflexionar, te das cuenta de que tu irritabilidad exigía todo lo contrario a evitar o distraerte de algo: era una señal de que necesitabas conectarte y estar más cerca de ti mismo. De esta manera, te estás brindando el amor y el cariño que necesitas y mereces. En cierto sentido, te estás convirtiendo en el padre paciente y atento que tal vez siempre anhelaste.

Si reflexionas sobre el ejemplo anterior, verás que lo que estaba sucediendo en la superficie de tu experiencia no era lo que en *realidad* ocurría o pensabas. De hecho, era solo una reacción a ello y una forma de evitarlo. Con frecuencia, así pasa en la vida. Está el nivel superficial y luego está el nivel profundo de lo que en realidad sucede. La práctica de la indagación terapéutica nos ayuda a ir más allá del nivel superficial y a seguir el hilo hacia nuestra experiencia emocional más profunda, que es donde en verdad ocurre nuestra sanación.

El nivel superficial de nuestra experiencia es a menudo lo que provoca el sufrimiento en nuestra vida. No solo tenemos que vivir con emociones difíciles como ansiedad, irritabilidad y frustración, sino que quienes nos rodean también deben vivir con nosotros reaccionando desde estas emociones. Además, las elecciones de vida que tendemos a hacer desde este lugar suelen ser inadecuadas y perpetúan nuestro propio sufrimiento.

La desconexión alimenta la desconexión

En mi propia vida, una comprensión útil que tuve es que cuando estoy desconectado de mí mismo (es decir, viviendo en el nivel superficial de mis emociones), tiendo a hacer elecciones que fomentan una mayor desconexión. Dicho de otra manera, la desconexión alimenta la desconexión.

Tomemos nuestro ejemplo anterior, pero desarrollémoslo de otra manera. Llegas del trabajo a casa y sientes la misma irritabilidad. En lugar de optar por darte un baño, relajarte y sentir lo que estás sintiendo, te diriges directo al sillón y enciendes la televisión.

Mientras ves un programa, también te desplazas por las redes sociales en tu celular.

Mientras pasas la tarde en un estado de desconexión emocional, te ves tomando malas decisiones nutricionales para la cena y consumes este alimento sin tiempo suficiente para masticarlo y darle a tu sistema digestivo la oportunidad de metabolizarlo de forma adecuada.

Impulsado por la estimulación de las redes sociales, las trepidantes series de televisión que estás viendo y el aumento de cortisol que acabas de provocar con la comida de nutrición negativa (alimentos que requieren más energía para digerir de la que te dan), estás muy bien protegido de sentir cualquiera de tus emociones. Al final, tu desconexión solo alimentó más desconexión.

Sin embargo, así como la desconexión alimenta la desconexión, la conexión también alimenta la conexión. En el ejemplo original, una vez que te hayas acercado más a cómo te sientes en realidad, es probable que esa noche tomes decisiones diferentes. Tal vez busques a tus amigos y les digas cómo te sientes, o tal vez solo decidas, con sutileza, permanecer más cerca de ti mismo.

Los tres centros de la investigación terapéutica

La indagación terapéutica puede ocurrir desde tres centros diferentes en tu interior, y cada uno tiene algo que aportar a la práctica. Puedes investigar desde tu mente, tu corazón y tu cuerpo. Exploremos ahora cada uno de estos.

1. Mente

El regalo que nuestra mente ofrece a la práctica de la indagación es nuestra capacidad de observar lo que sucede, hacer conexiones entre diferentes elementos y, con el tiempo, penetrar en los detalles con nuestra conciencia. Sin embargo, si nuestra investigación se convierte en un ejercicio cognitivo por sí solo, no llegará a ningún lugar, ya que buscamos ir más allá de nuestra mente. Además, debemos tener cuidado de no quedar atrapados en la parálisis del análisis, la cual sucede cuando analizamos y pensamos mucho en nuestras emociones en lugar de sentirlas en realidad.

2. Corazón

La indagación es una práctica del corazón. En ella sintonizamos y escuchamos emociones y sentimientos sobre lo que está ocurriendo. Al hacer nuestra indagación desde el corazón, también aportamos una cualidad de amor y cuidado que ayuda a desarrollar la confianza interior y la apertura, que son tan importantes. Sin embargo, si solo utilizamos nuestro corazón, podemos perdernos en un mar de emociones sin la capacidad de reflexionar y comprender lo que está sucediendo; por ello, nuestra mente también es fundamental.

3. Cuerpo

La indagación es una práctica que tiene lugar en nuestro cuerpo. Como hiciste con la práctica de meditación en el capítulo 9, estás aprendiendo a atenuar tu atención mental, a relajarte y a regresar a tu experiencia corpórea. Es fácil pensar que el cuerpo es un trozo de carne y huesos que no tiene inteligencia inherente, pero la realidad es todo lo contrario.

Gran parte de la sabiduría con la que intentamos conectar y desbloquear vive en nuestro cuerpo, y una parte clave de nuestra práctica de indagación es abrirnos a esta sabiduría y darle la bienvenida. Mientras que nuestro corazón es el hogar de nuestras emociones, nuestro cuerpo es el reino de las sensaciones y los sentimientos. Si aprendemos a sintonizarnos con ellos, serán una guía útil a lo largo de nuestro viaje de indagación.

Todos llegamos a la práctica de la indagación con nuestras propias zonas de confort y con aquellas que necesitamos impulsar a crecer y desarrollarse. Quizá tengas una mente aguda e inquisitiva, pero te acerques a tu cuerpo con el corazón cerrado. O tal vez eres bueno para sentir tus emociones, pero sueles perderte en ellas, por lo que necesitas ser más hábil para conectarte con la experiencia inmediata de tus sensaciones corporales. La clave es desarrollar las áreas en las que tenemos menos experiencia mientras nos guiamos por los dones que ya tenemos a nuestra disposición.

¿Quién dirige tu indagación?

La esencia de la indagación es movilizarnos más allá de nuestra experiencia conocida y permitir que nuestra verdad se revele en ese momento. La indagación no se trata de confirmar lo que ya sabemos que es verdad, sino de descubrir qué hay debajo de nuestra comprensión superficial y qué está sucediendo en nuestra experiencia más profunda.

Para hacerlo bien, por supuesto, necesitamos tener la capacidad de autorregular nuestro sistema nervioso y construir una sensación interna de seguridad, así como alentar a nuestra experiencia a que continúe revelándose desde un lugar de amor y cuidado. Si intentamos controlar nuestra experiencia y rechazamos o controlamos lo que está sucediendo, en lugar de abrirse, nuestro sistema nervioso se cerrará.

TU PRÁCTICA DE INVESTIGACIÓN TERAPÉUTICA

Ahora que hemos analizado los lugares clave desde los cuales realizas tu experiencia interna de indagación, es hora de explorar los pasos de la indagación terapéutica.

1. Encuentra un lugar tranquilo donde nadie te moleste.
2. Relájate en tu experiencia interior: muchas veces es útil comenzar con un periodo de meditación.
3. Explora: ¿qué estás sintiendo ahora mismo? ¿Qué sientes en tu cuerpo? ¿Qué emociones hay? ¿Qué pasa por tu mente?
4. Date permiso de abrirte para percibir cómo te sientes y qué sucede cuando te relajas a profundidad adentrándote en ello.
5. Cuando te sientes más profundamente inmerso en tu experiencia, ¿qué surge a continuación? ¿Adónde te lleva el hilo de la indagación? Ve si puedes seguir el hilo en lugar de intentar dirigirlo.
6. Si te pierdes en algún punto, solo enfoca tu atención en tu respiración y siente tu cuerpo; explora lo que en ese momento hay allí.

No existen formas correctas o incorrectas de indagar. Lo importante es darle espacio a la verdad de cómo te sientes. El don de la indagación es que aprendes a tener una nueva relación tanto con tus emociones tal como son ahora como con tu historia emocional. Gran parte de las experiencias de nuestra vida no se relacionan con lo que sucede hoy, sino con nuestra historia emocional, que aún debemos procesar. Cuanto más lo hagamos, más capaces seremos de responder con libertad y equilibrio a nuestras experiencias cotidianas.

Mi esperanza es que la indagación terapéutica se convierta en una práctica diaria que no solo te ayude a sanar tu pasado, sino que también te permita darle sentido a tu presente y evitar que acumules más traumas sin procesar. Conforme integres la indagación en tu vida diaria, creo que notarás que se despeja mucho más espacio emocional. Sin embargo, lo que también sucede con frecuencia es que nos encontremos con una resistencia interna, lo cual abordaremos en el siguiente capítulo.

CAPÍTULO 13

Ir más allá de la resistencia interior

Ir a terapia no fue idea de Daryl. De hecho, una forma educada de decirlo es que su novia lo había alentado fuertemente a hacerlo, pero creo que con un ultimátum implícito: tenía que encontrar una manera de moderar su consumo de alcohol o su relación terminaría.

Daryl tenía veintitantos años y trabajaba como comerciante, pero aspiraba a convertirse en desarrollador inmobiliario. Me dijo que había disfrutado beber desde que probó el alcohol por primera vez cuando era adolescente, pero que el problema era que se había convertido en algo más que un medio de relajación al final de un duro día de trabajo.

Daryl bebía todos los días. Los fines de semana comenzaba a beber a la hora del almuerzo, sin pausar ni una sola vez antes de, prácticamente, colapsar en las primeras horas de la mañana. Como muchas personas que se han vuelto dependientes del alcohol, Daryl estaba convencido de que no era alcohólico. Solo que ahora que quería controlar su consumo se dio cuenta de que no podía hacerlo y eso empezaba a asustarlo. Una y otra vez había tenido la mejor de las intenciones de dejarlo y se consideraba una persona decidida en otras áreas de su vida, pero no estaba funcionando. Le dolía admitirlo, pero necesitaba ayuda.

Mientras explorábamos parte de la historia emocional de Daryl, observé que utilizaba el alcohol como automedicación para no sentir sus emociones. Cuando le pregunté sobre su infancia y lo que estaba sucediendo en la época en que empezó a beber, me contó, con cierta renuencia, sobre la trágica pérdida de su madre.

Cuando Daryl tenía 16 años, a su madre le diagnosticaron cáncer de intestino, que se propagó con rapidez. A pesar de sus decididos esfuerzos por combatirlo, murió apenas nueve meses después. Daryl me dijo que al principio había estado conmocionado, pero luego solo «lo superó» y siguió con su vida. Su padre había estado entrando y saliendo de prisión a lo largo de los años, e incluso cuando estaba presente, había sido una influencia inútil, por no decir más. Después de que Daryl perdió a su madre, su padre le dijo que ahora era un hombre y que, por lo tanto, no la necesitaba.

Una capa defensiva

Cuando le sugerí a Daryl que su forma de beber podría estar relacionada con la pérdida de su madre, me miró con una expresión confusa.

—Las cosas suceden y lidias con eso —dijo.

A lo que respondí:

—Sí, Daryl, suceden cosas, pero no creo que *hayas* lidiado con eso.

Por fortuna, para este momento ya había construido una buena conexión con él, por lo que reflexionó sobre mis palabras durante el tiempo suficiente para reconocer que podría haber algo de verdad en ellas.

En esencia, Daryl había aprendido a guardar bajo llave sus emociones y desconectarse de su cuerpo emocional. Beber alcohol le ayudaba a seguir adormeciéndose para evitar sus sentimientos, y su miedo inconsciente era que, si pasaba demasiado tiempo sin la droga que había elegido, sentiría de nuevo.

Durante algunas de las sesiones que siguieron, trabajé con Daryl para desarrollar cierta conciencia de sus otras defensas emocionales, que incluían analizar en lugar de sentir y culpar a los demás por cómo se sentía. Después, trabajamos en el ámbito de la experiencia para indagar qué estaba sintiendo en ese momento. Pero mientras lo hacíamos, él siempre daba respuestas como «No siento nada». Era evidente que la misma resistencia interior que había estado a sus 16 años cuando su madre murió todavía lo protegía de sus emociones.

Para Daryl, esta resistencia interior se manifestaba como un vacío cuando intentaba sentir sus emociones. Para otros, podría ser un sentimiento de ira o de querer alejarse, o una intelectualización mental excesiva. No obstante, sin importar de qué forma se presente, es una capa defensiva que nos protege de sentir nuestras emociones.

La resistencia interior es la forma inteligente que tiene nuestro cuerpo emocional de protegernos de sentimientos ante los que no tenemos recursos en aquel momento. Es probable que no solo fuera la única respuesta a nuestra disposición, sino también la mejor opción que teníamos. Y funcionó, porque aquí estamos para contar la historia (y crear una nueva en el futuro).

En cierto sentido, el avance durante una etapa se convierte en la limitación durante la siguiente. La misma estrategia que fue crucial para nuestra sobrevivencia es ahora lo que nos impide avanzar. Los muros que alguna vez nos mantuvieron a salvo ahora nos tienen atrapados. Y así como ahora nos pueden provocar frustración, debemos tratar a esos muros con cuidado y enorme respeto.

Cuando nuestras defensas emocionales trabajan para protegernos, rara vez es eficaz intentar derribarlas. De hecho, cuanto más las presionamos, más fuertes se vuelven para responder, porque eso es lo que aprendieron a hacer. Lo que se resiste persiste.

Aprender a satisfacer tus necesidades emocionales

Disminuir el control que nuestra resistencia interior tiene sobre nuestra vida emocional, no se puede afrontar desde la severidad y la presión. De hecho, lo que necesitamos es todo lo contrario. El antídoto contra nuestra desconexión interior es brindarnos las cualidades cuya ausencia nos provocó la desconexión en primer lugar.

Debemos aprender a satisfacer nuestras tres necesidades emocionales básicas de límites, seguridad y amor, ya que hacerlo nos proporcionará la clave para desbloquear nuestros muros defensivos. Entonces, tómate un tiempo ahora para aprender cómo puedes satisfacer con mayor eficacia tus necesidades emocionales fundamentales.

Crear límites internos

Desarrollar límites internos se trata de aprender a ser constantes y consistentes con nuestra experiencia. Es ser lo suficientemente fuerte para mantener nuestra atención y presencia en nuestras emociones difíciles. Así como un terapeuta hábil se mantiene atento y presente ante las emociones complejas de un cliente, debemos aprender a hacer lo mismo con nosotros.

Piensa en un niño pequeño que está molesto por algo; el mensaje que necesita de sus cuidadores es que todo está bien y que lo que siente está bien. La forma en que el niño recibe este mensaje depende de cómo responden sus cuidadores ante sus emociones. ¿Intentan callarlo o se alejan cuando el niño las expresa? ¿O lo alientan y se acercan a él con el deseo de escuchar más cuando abren la confianza?

Para crear un espacio seguro que les permita a tus emociones moverse y fluir, necesitas reunirte con ellas desde un lugar alentador que les diga que son bienvenidas y que está bien sentirlas. Dicho de otra manera, tu límite interior las invita a entrar y les da espacio. La forma de hacerlo consiste en notar tu respuesta directa cuando tus sentimientos surgen.

Con frecuencia les pregunto a mis clientes: «¿Cómo te sientes acerca de como te sientes?». Cuando trabajaba con Daryl, él sentía un vacío, lo que a su vez le provocaba irritación y molestia. Claro que él pensaba que debería sentir algo, por lo que se encontró con el vacío desde un lugar de rechazo. Encontrar la ausencia de emoción en este lugar solo profundizó la desconexión y la protección internas. Mientras trabajábamos para flexibilizar su límite emocional interno y atraer más amabilidad y curiosidad, todo comenzó a abrirse un poco.

Crear seguridad interior

Otra razón clave por la que nos defendemos y nos desconectamos de nuestras emociones es porque aprendimos que no es seguro sentirlas. Si volvemos a mi historia, cuando fui testigo del uso destructivo que mi hermana les daba a sus emociones, recordarás que aprendí que sentirlas era peligroso. Como vimos antes, cuando somos niños dependemos de nuestros cuidadores principales para corregular su sistema nervioso con el nuestro, y que este aprenda que estamos a salvo y está bien sentir. Como adultos, debemos aprender a autorregular nuestro sistema nervioso para desarrollar un sentido propio de seguridad interior.

Aquí es donde la práctica de la meditación (véase el capítulo 9) es en particular importante. Al aprender a regular nuestro sistema nervioso y permanecer presentes en nuestra experiencia, aunque parezca difícil, estamos enviando el mensaje de que estamos a salvo. Esto crea suficiente relajación para que nuestros sentimientos comiencen a abrirse.

Crear amor interior

Si bien nuestros límites internos y nuestra seguridad crean el ambiente para que nuestras defensas internas se vulneren y nuestras emociones se abran, es la cualidad del amor lo que las ayuda a salir. Es la curiosidad y la calidez de nuestro amor lo que permite que las emociones se expresen y comience el proceso de curación. Es la cualidad del amor la que dice que somos perfectos tal como somos, que nuestras emociones son válidas y merecen ser sentidas. Como una madre amorosa y atenta que adora a su hijo, afrontamos nuestras emociones desde un verdadero lugar de aceptación.

El tipo de amor con que expresamos nuestras emociones y sus defensas es también fundamental. No es un amor condicional en el que algunas emociones son bienvenidas y otras no. La clave es que sin importar qué estemos experimentando, no solo es bienvenido, sino que en verdad nos interesamos en ello.

ABRE TUS EMOCIONES

El propósito de este ejercicio es practicar cómo calmar tus defensas emocionales e invitar a tus emociones a abrirse. Esto puede llevar algún tiempo porque estás rompiendo un hábito persistente y trabajando para crear un nuevo paisaje interior de apertura.

1. Encuentra un lugar tranquilo donde no te molesten y comienza con unos minutos de meditación.
2. Observa cómo te sientes. ¿Sientes una emoción particular o no sientes nada?
3. Explora cómo te sientes con respecto a tus sentimientos (o su ausencia). ¿Sientes que estás abierto a estos o tienes una sensación de rechazo o distanciamiento?
4. Practica vulnerar tus límites internos hacia tus sentimientos y diles a estos, dentro de tu mente, que son bienvenidos.
5. Utiliza la atención tranquila que aporta la meditación para autorregular tu sistema nervioso y crear una sensación de seguridad interior en que tus sentimientos estén a salvo.
6. Observa lo que sucede cuando aportas una cualidad de amor a tus emociones, expresando interés sincero y curiosidad por ellas.
7. Si tus emociones comienzan a abrirse y fluir, dales espacio, dales la bienvenida y relájate al experimentarlos. Si no sucede así, sé amable también.

Este es un ejercicio que puedes hacer reactivamente si algo desencadena tus emociones y proactivamente cada día. Funcionará especialmente bien si lo haces justo después de tu práctica meditativa.

Déjate llevar, que fluyan las emociones

Con el ejercicio anterior y lo que hemos estado desarrollando en los últimos capítulos, estamos creando un estado interno de movimiento emocional. Necesitamos soltar y dejar fluir las emociones. Al comprender las estrategias que utilizamos para desconectarnos emocionalmente, al indagar en nuestra experiencia inmediata y al relajar nuestras defensas internas, permitimos que nuestras emociones tengan el espacio necesario para procesarse.

Recuerda que estamos programados para sanar y nuestro cuerpo emocional puede curarse por sí mismo si se le brinda el entorno adecuado, tal como lo hace nuestro cuerpo físico. Lo que estás aprendiendo a hacer aquí es a crear el entorno interior que permita la curación. Y cuando lo domines, todo tu mundo empezará a cambiar.

Quizá recuerdes la historia de mi propia apertura emocional, al comienzo del libro; luché contra ella, manteniéndome aferrado a mi resistencia interior y mis defensas emocionales. Pero una vez que di el salto, todo se hizo más fácil. Si bien empezamos a sentir mucho más, nos duele mucho menos.

Es probable que esto se vea como si nuestras emociones comenzaran a abrirse. Podríamos sentir cualquier cantidad de emociones, incluyendo ira y tristeza intensa, o podríamos solo tener la sensación de energía moviéndose en nuestro interior. Lo esencial aquí es que estamos aprendiendo a permitir que las emociones fluyan y se muevan; en cierto sentido, estamos vaciando ese costal negro de viejas emociones sin procesar que llevamos con nosotros.

Sin embargo, para ser claros, no significa arrojar estas emociones a otras personas, ya que es probable que causemos sufrimiento y dolor a todos, incluidos nosotros mismos. Queremos dejar que la energía fluya fuera de nosotros, pero no hacia los demás.

Es posible que las instrucciones que te he dado en este capítulo te resulten suficientes para realizar este trabajo por ti mismo, pero alguna personas necesitarán el sostén y apoyo de otros como, por ejemplo, un terapeuta calificado. Esto es en especial cierto cuando los acontecimientos de nuestro trauma fueron muy abrumadores. En tales casos, pueden ayudar herramientas adicionales de procesamiento, como la EMDR y la EFT.

Las capas de nuestras emociones

A medida que tus emociones comienzan a liberarse, es posible que descubras que son como las capas de una cebolla. Debajo de cada capa, hay otra esperando mostrarse. De hecho, con frecuencia hay sabiduría en la forma en que nuestras emociones se protegen y se revelan entre sí cuando nos abrimos a ellas. Todos somos diferentes en nuestra experiencia emocional, pero comúnmente observo una secuencia particular:

1. Ansiedad/miedo
2. Ira/odio
3. Tristeza/añoranza
4. Conexión profunda

Si analizamos por qué podría suceder así, tiene sentido que las emociones superficiales sean ansiedad y miedo; así puede manifestarse nuestra respuesta desadaptativa al estrés y la velocidad de nuestro sistema nervioso para regresarnos a nuestra cabeza y alejarnos del sentimiento. A medida que lo superamos, revelamos otros sentimientos como la ira y el odio, que nos permiten sentirnos preparados para la acción y protegernos contra sentimientos más vulnerables que hay debajo.

Conforme procesamos la ira y el odio, podemos rendirnos con plenitud al sentimiento de colapso que puede existir bajo su influjo. Este es el reino de nuestra tristeza y añoranza. Pero, en definitiva, nuestras emociones nunca son un pozo sin fondo, y cuando tenemos la valentía para permitirles que se abran y se liberen, la recompensa es una profunda sensación de alivio y conexión con nosotros mismos. Cuanto más liberamos nuestras emociones, más liberamos nuestro verdadero yo.

Y aunque en la superficie parezca solo semántica, muchas veces es útil ser lo más específicos posible al nombrar las emociones que sentimos. Por ejemplo, existe una diferencia significativa en la sensación que experimentamos entre la ira y el odio. La ira se siente como una llamarada y como si quisiéramos pelear, mientras que el odio es frío, calculador y mucho más preciso en sus acciones.

Me he dado cuenta de que, con frecuencia, cuando alguien encuentra el nombre correcto para la emoción que está sintiendo, se permite sentirla y recibirla con mayor plenitud. Por ello, cuando hemos estado desconectados de nuestras emociones durante mucho tiempo, hallar las palabras correctas puede resultar complicado. Por lo tanto, tal como hacemos al aprender un nuevo idioma, necesitamos familiarizarnos con el vocabulario.

¿Cómo es la sanación emocional?

En este punto quizá te preguntes si soy partidario de un mundo en el que sintamos *todo*, a plenitud, en cada momento y en cualquier situación. Permíteme ser muy claro: *no lo soy*. Nuestras defensas emocionales no ocurrieron por accidente; tienen su lugar y lo que es apropiado en una situación puede no serlo en otra.

Además, para reiterar algo que dije antes, no estoy sugiriendo que debamos aventar lo que sentimos a quien esté más cerca de nosotros.

Hacerlo no solo es infantil, sino que suele causar aún más sufrimiento para todos. De lo que estamos hablando es de una relación sana y madura con nuestros sentimientos, una en la que nos tomamos el tiempo para procesar y sanar nuestro pasado trabajando el exceso de equipaje de nuestro metafórico costal negro. Al mismo tiempo, también estamos aprendiendo a vivir con mayor plenitud el momento presente y a desbloquear un futuro que no esté limitado por los impactos negativos de nuestro pasado.

Pero ¿cómo es una sanación emocional saludable? A aquellos que no nos conocen particularmente bien, puede parecerles que nada está cambiando en el corto plazo; tal vez solo ya seamos un poco más sensibles y reflexivos. Pero quienes están más cerca de nosotros pueden notar que sentimos mucho más. Y a veces, en la tranquilidad de nuestra propia mente es posible que nos preguntemos ¡en qué diablos nos metimos mientras jugamos a ponernos al día emocionalmente!

Si pasamos mucho tiempo con las personas que desempeñaron un papel importante en la configuración de nuestros ECOS de trauma, también podemos descubrir que necesitamos ensanchar un poco más el espacio entre ellos y nosotros en el corto plazo. Hablaremos más sobre cómo manejar estas relaciones en la parte III.

Otra dinámica que puede ser difícil de gestionar mientras trabajamos en abrirnos más a nivel emocional consiste en volvernos más críticos con nosotros mismos. En cierto sentido, la voz interior que se ha esforzado para mantener todo bajo control puede volverse bastante ruidosa cuando sacudimos nuestro mundo interior. Ahondaremos en esto en el siguiente capítulo.

Romper el patrón

Regresando a la historia de Daryl, mientras trabajábamos juntos para cambiar su relación con sus emociones, y cultivábamos de manera gradual un espacio interior de límites, seguridad y amor, en un inicio reportó que se sentía un poco más sensible y reactivo, pero no mucho más; sin embargo, permaneció con eso.

Un día tuvo una conversación con su novia en la que ella le preguntó por su madre. Mientras él respondía, aparentemente de la nada (según él), comenzó a llorar. Al reflexionar sobre esta experiencia en nuestra siguiente sesión, Daryl dijo que su instinto había sido cerrarse, pero que el trabajo que habíamos estado haciendo le permitió abrirse y, antes de darse cuenta, las compuertas estaban abiertas y él lloró sin parar durante casi una hora.

A partir de ese momento, a Daryl le resultó mucho más sencillo participar en su terapia. Superó su tristeza por la pérdida de su madre, así como la intensa ira y el odio que sentía por su padre, que con el tiempo se convirtieron en un lugar de anhelo por su amor y su cuidado. A lo largo de los meses que trabajamos juntos, Daryl notó de forma gradual que bebía menos y añadimos algunas técnicas adicionales para romper patrones (incluidas las del capítulo 10). En una de nuestras sesiones finales, Daryl entró al consultorio y me dijo que había pasado un fin de semana entero sin beber, ni siquiera en la boda de un amigo, donde había sido el único invitado que no bebía. Puedo recordar la expresión de orgullo en su rostro como si fuera ayer.

Cerca de un año después de terminar de trabajar con Daryl, recibí un conmovedor correo electrónico en el que me decía que su novia estaba embarazada y que estaban comprometidos. En honor a algo que dije en una de nuestras sesiones, la última línea del mensaje era: «Es hora de romper el ciclo de negligencia emocional de los padres de mi familia».

CAPÍTULO 14

Transforma a tu crítico interno

Beverley parecía haber tenido una educación feliz y amorosa. Hija única, había pasado mucho tiempo con su madre y siempre estaba vestida de forma impecable. Sin embargo, como suele ocurrir en las familias, las cosas no eran lo que parecían.

La madre de Beverly sufría de ansiedad severa y veía a su hija como su consuelo y una extensión de sus propias necesidades. Lo que Beverly necesitaba o quería carecía de importancia; de hecho, la relación madre-hija se invirtió y Beverley estaba allí para cuidar y satisfacer las necesidades de su madre.

Al analizar juntos su infancia, mientras filmábamos mi serie *In Therapy with Alex Howard*, Beverley me contó un evento sorprendente que ocurrió cuando tenía alrededor de 11 años. Su madre le había preguntado qué se le antojaba cenar y añadió que podía pedir lo que quisiera. Pero esto nunca sucedió: a la madre de Beverly le gustaba la comida dulce, y eso era lo que le daba de comer a su hija, le gustara o no.

Ahora bien, es probable que la mayoría de los niños optarían por helado o chocolate, y si tuvieran que comer algo salado, incluirían papas a la francesa y mucha cátsup (¡o quizá sean solo mis hijos!). Pero no era el caso de Beverley: ella estaba desesperada por una comida real y por eso pidió carne y verduras.

La madre de Beverley respondió a esta petición irritada y molesta porque tendría que ir a buscar los ingredientes y dedicar tiempo a cocinar. Había asumido que Beverly elegiría lo que ella quería (la idea de que su hija pudiera tener preferencias diferentes no estaba siquiera en sus posibilidades).

Unos meses después de este incidente, Beverly sufrió una crisis nerviosa y sus funciones quedaron incapacitadas. Aunque en la adolescencia había trabajado duro para volver a encarrilar la vida, y a partir de sus veintitantos años y en otros momentos posteriores se sometió a terapia, durante gran parte de su vida había batallado con las relaciones íntimas y tenía pensamientos suicidas.

El crítico interno en acción

Cuando la conocí, Beverley se había jubilado hacía poco, después de una trayectoria de cuarenta años como dentista, y se sentía algo perdida; no estaba segura de su propósito en la vida, pero quería sanar y darle sentido a su pasado. A medida que descubríamos más piezas del rompecabezas de su trauma, los acontecimientos de su vida cobraban cada vez más sentido. De hecho, el intenso déficit amoroso con el que había crecido se había extendido a todo, desde sus relaciones y amistades hasta su salud.

En el corazón de muchas de las batallas de Beverly estaba la forma en que se hablaba a sí misma. Esta voz interior, o crítica interna (más adelante veremos más sobre esto), está determinada por cómo nuestros cuidadores principales nos hablaban y nos trataban, y dado que su madre había sido tan dura con ella, Beverley desarrolló una crítica interna en particular despiadada y cruel.

Para su crítica interna, lo que fuera que Beverly hiciera estaba mal; y también imaginaba constantemente los comentarios crueles y desagradables que, estaba convencida, los demás pensaban y decían sobre ella. Este constante abuso interno hizo que a Beverley le resultara muy difícil tomar decisiones fundamentales para su vida, así como confiar para construir las amistades y conexiones que necesitaba y merecía.

¿Cómo te hablas a ti mismo?

Sigmund Freud (cuyo trabajo abordamos en el capítulo 6) fue un personaje fascinante que se dedicó a mapear la psicología humana a finales del siglo XIX, una era de severa represión sexual, y como resultado, debemos considerar algunas de sus teorías en este contexto para entender por qué él creía que los deseos e impulsos sexuales reprimidos estaban detrás de la mayor parte del comportamiento humano.

Sin embargo, una de las contribuciones de inmenso valor que hizo Freud a la psicología fueron sus conceptos del *ello*, el *yo* y el *superyó* de la personalidad humana. El superyó de la mente trabaja para mantener bajo control las áreas más rebeldes de nuestra psique. En la lengua nativa de Freud, el alemán, el superyó es el *über ich*, que significa «sobre yo». En efecto, es la voz interna de juicio que se coloca por encima de nosotros y juzga, critica y dirige nuestro mundo interior, nuestras elecciones y nuestros comportamientos. Es la voz que continuamente nos dice que estamos rotos y que nuestro sufrimiento es culpa nuestra.

En la psicología popular, nos referimos a esta estructura de personalidad como nuestro *crítico interno*, ya que, en efecto, es esa voz interior la que nos critica y juzga sin cesar. Para algunos, esta voz es sutil y tranquila, mientras que para otros es furiosa e inevitable.

Uno de los impactos importantes de nuestro trauma es que nos acostumbramos a hablarnos a nosotros mismos de manera abusiva, dura y, por supuesto, perjudicial. Mientras trabajamos para restablecer nuestro sistema nervioso y sanar nuestro trauma, debemos asegurarnos de que esto al fin se traduzca en una nueva forma de relacionarnos con nosotros mismos. Para ello, necesitamos trabajar en la transformación de nuestro crítico interno; si no lo hacemos, continuaremos el ciclo del trauma en la forma como nos tratamos a nosotros mismos.

Creo que no se puede subestimar el impacto dañino del crítico interno en nuestra vida. Desde influir en nuestro estado de ánimo día a día o limitar nuestra capacidad para hacer lo que nos apasiona, hasta componer nuestra resistencia interna a sentir emociones, cuando nuestro crítico interno está trabajando, afecta la forma como nos sentimos. El crítico interno drena constantemente nuestra energía, lo que significa que terminamos desarrollando mucho menos de nuestro verdadero potencial en el mundo.

¿No necesitamos a nuestro crítico interno?

En este punto, podrías estar pensando: «Está bien, reconozco que tengo esta voz, pero de seguro la necesito para funcionar en el mundo. Sin ella, no tendría sentido de la moral ni del bien y el mal». A lo que yo respondería que cuando somos niños necesitamos esta voz interior porque nos ayuda a tener presente una versión de nuestros padres cuando estamos solos y a navegar en el complejo y abrumador mundo para satisfacer nuestras necesidades emocionales básicas.

Sin embargo, como adultos, es claro que no necesitamos esta voz interior de la misma manera, y si fuera el caso, no tiene valor alguno el que nos ataque y menosprecie continuamente. Incluso cuando nuestro crítico nos retroalimenta o desafía sobre algo, de forma inevitable, nos hace sentir más pequeños y vulnerables, en lugar de sostenidos y motivados para realizar el cambio que exige.

Te comparto un ejemplo de lo que quiero decir. Estás pasando el tiempo con un amigo y haces una broma, pero de inmediato te das cuenta de que no la expresaste con la simpatía que pretendías, por lo que podría haber resultado ofensiva. Sin esperar a ver la reacción de tu amigo al chiste, tu crítico interior se pone a trabajar atacándote, criticándote y haciéndote sentir como si fueras el peor ser humano que haya caminado en el planeta Tierra.

En ese momento, no hay en absoluto posibilidad alguna de explorar tus prejuicios ocultos o tus posibles privilegios inconscientes; en cambio, te estás recuperando del abuso y el ataque de tu crítico interior. A diferencia de la retroalimentación sensible y asertiva que le damos a un empleado en el lugar de trabajo, los constantes ataques de nuestro crítico interior nos dan menos de lo que necesitamos y queremos en la vida, no más.

Ahora bien, es cierto que a veces hay una pizca de verdad en lo que dice nuestro crítico interno (aunque a menudo no es así). Pero ese no es el asunto. La cuestión es que nuestro crítico utiliza como arma esa pizca de verdad en su plan de hacernos sentir pequeños e impotentes. Y como resultado, somos menos capaces, y no más, de actuar para abordar la porción de verdad.

Nuestro crítico interno puede manifestarse de varias formas y para algunos de nosotros es mucho más obvio que para otros. A veces, cuanto más sutil es la crítica, más difícil puede ser detectarla y, por tanto, más daño puede causar. Hace muchos años di una conferencia pública en Escocia en la que mencioné al crítico interno y su impacto en nosotros. Al final, una mujer se me acercó y me dijo con bastante audacia: «Yo no tengo un crítico interior. Tengo un motivador interno». Y, sin embargo, todo en la forma en que lo dijo sugería que este motivador estaba lejos de ser amable y solidario: etiquetarse a sí mismo como una fuerza del bien era solo otra forma de evitar el escrutinio y el desafío.

Deshazte de tu crítico interno en cuatro pasos: RIDD

Para reiniciar y anular por completo nuestro trauma y dar cabida a un futuro que no esté limitado por los sufrimientos de nuestro pasado, debemos aprender a defendernos y liberarnos de nuestro crítico interno. Crear un cambio significativo en él puede requerir un esfuerzo significativo, pero creo que un proceso de solo cuatro pasos, desarrollado dentro del Enfoque Diamante (un camino que ha tenido un gran impacto en mi propio viaje), puede ser inmensamente útil. Para hacerlo necesitamos:

1. **R**econocer
2. **I**dentificar
3. **D**efender
4. **D**esvincular

Veamos cada paso del RIDD con detalle.

1. Reconocer

El primer paso es reconocer que estamos siendo atacados. Una gran pista de que nuestro crítico interior lo está haciendo se manifiesta cuando nos sentimos pequeños e infantiles o, de alguna manera, impotentes. Nuestro estado natural como ser humano es sentirnos valiosos y dignos, y que nuestro lugar en el mundo es merecido y legítimo, y cualquier signo de que no nos sentimos así nos da una pista.

Así como normalizamos el estado de nuestro sistema nervioso, lo mismo ocurre con nuestro crítico interno. Nos acostumbramos tanto a atacarnos a nosotros mismos todo el tiempo, que nos normalizamos para transitar en este estado, lo que puede dificultarnos reconocer que, aunque parezca familiar, no es nuestro verdadero estado natural.

Cómo se manifiesta el crítico

Para reconocer a nuestro crítico interno, es útil ser conscientes de que puede manifestarse de tres maneras diferentes, y todos presentamos cada una en distintos grados:

- **HACIA NOSOTROS MISMOS:** se presenta cuando hablamos con nosotros mismos dentro de nuestra propia mente.
- **PROYECTADO SOBRE LOS DEMÁS HACIA NOSOTROS MISMOS:** proyectamos a nuestro crítico interno sobre otras personas e imaginamos lo que piensan o dicen de nosotros. En otras palabras, leemos la mente de los demás e introducimos a nuestro crítico interior.
- **HACIA LOS DEMÁS:** juzgamos a los demás en lugar de a nosotros mismos. Solemos hacerlo con la intención de inflar nuestro propio sentido de valía, debido a los impactos continuos de nuestro crítico interno sobre nosotros mismos.

RECONOCE QUE TE ESTÁS ATACANDO A TI MISMO

¿Qué les sucede a tus cuerpos físico y emocional cuando estás bajo el ataque de tu crítico interno? ¿Notas que te sientes más pequeño y «menos tú mismo»? ¿O quizá te sientes emocionalmente desconectado o más a la defensiva? ¿O tal vez tienes una sensación de desesperanza o resignación? ¿O una abrumadora impresión de que todo es culpa tuya?

Escribe algunas notas sobre lo que te sucede durante un ataque de tu crítico interno; esto te ayudará a reconocer en el futuro cuándo te estás atacando a ti mismo. ¿Cuál de las tres formas en que aparece el crítico interno te resulta más familiar? Encontrarás una hoja de trabajo (en inglés) que te ayudará a completar este ejercicio en tu curso complementario disponible en <www.alexhoward.com/trauma>.

---

2. Identificar

Una vez que reconocimos que nos estamos atacando a nosotros mismos, el siguiente paso es identificar las palabras específicas y la naturaleza del ataque. Aquí hay algunos ejemplos de ataques críticos internos que podrías tener al leer este libro:

- Eres demasiado estúpido para entender de qué está hablando Alex.
- Esto podría funcionar para otras personas, pero no para ti; estás demasiado dañado.
- Ya intentaste cambiar en el pasado, pero nunca lo has logrado.

- Explorar tus emociones es autocomplaciente.
- A nadie más le interesa cómo te sientes; entonces, ¿por qué debería importarte a ti?

Nuestro crítico interno aparecerá en cada área de nuestra vida hasta cierto punto, por lo que, en realidad, la pregunta no es si se manifiesta en alguna forma, sino con qué habilidad lo estás detectando. A menudo, el contenido de nuestros ataques críticos internos está determinado por los patrones de personalidad que exploramos en el capítulo 8. Por ejemplo, si tenemos un fuerte patrón de triunfador, nuestros ataques críticos internos serán alimentados por él y desencadenados por nuestros «fracasos». Del mismo modo, si tenemos un fuerte patrón de ayudante, nuestros ataques serán impulsados por este, y así sucesivamente.

IDENTIFICA ALGUNOS DE TUS ATAQUES CRÍTICOS INTERNOS

¿Cuáles son las frases más comunes que utiliza tu crítico interior cuando te atacas a ti mismo? Aunque el contenido puede cambiar, los tipos de ofensiva que realiza son bastante consistentes. Escribe los diez ataques críticos internos que te resulten más familiares.

3. Defender

Una vez que hayas identificado el contenido del ataque de tu crítico interno, el siguiente paso es defenderte. Después de haber enseñado a miles de personas a lo largo de los años cómo defenderse del suyo, debo confesar que hay cuatro palabras que parecen tener un poder y un impacto casi sagrados en comparación con todas las demás: «Vete al diablo».

Ahora sé que para algunos lectores usar estas palabras puede resultar incómodo. Sin embargo, encuentro un gran valor terapéutico en el uso de un lenguaje tan colorido. Verás, debido a que es tu crítico interno el que te dice que *no* uses estas palabras, hacerlo es un acto de desafío.

Para ser claros, no estoy sugiriendo que le digas a las personas en tu vida que se vayan al diablo si te critican (¡aunque eso a veces podría ser necesario!); la cuestión es que estás hablando con una voz al interior de tu mente y no con una persona real. Son *tu* poder y *tu* fuerza lo que tu crítico interno usa en tu contra y, por lo tanto, al defenderte de él, los estás recuperando.

DILE A TU CRÍTICO INTERNO «VETE AL DIABLO»

Cuando notes que tu crítico interno te da una paliza, dile en voz alta: **«vete al diablo»**. Luego respira profundo y toma conciencia de cómo te sientes. Practica hacer esto con tanta frecuencia como puedas. Es obvio que, cuando estás rodeado de otras personas, es preferible decirlo en tu mente que en voz alta.

4. Desvincular

Al defenderte de tu crítico interno, es muy importante no entrar en una discusión o debate sobre el contenido del ataque. Con cada ida y vuelta, solo le estás dando más energía y poder. Por lo tanto, una vez que te hayas defendido de tu crítico interno, debes desviar tu atención y ubicarla en otro lugar.

Es un poco como jugar un partido de tenis con tu crítico interno. No buscas seguir golpeando la pelota sobre la red en tus intentos por discutir y justificar tu valía y tu autoestima. Más bien, reconoces que estás bajo ataque, te defiendes y luego dejas tu consabida raqueta de tenis y sales de la cancha.

Un lugar útil para enfocarnos es haciendo una declaración positiva sobre nosotros mismos. No como un argumento contra lo que nuestro crítico interno dice para provocar más idas y vueltas, sino como algo independiente acerca de nuestra persona que podemos celebrar.

BRINDA UN REFUERZO POSITIVO

Piensa en diez afirmaciones positivas que reconozcas de ti mismo. Pueden ser atributos de tu carácter, habilidades o talentos particulares de los que estás orgulloso, o acciones que hayas realizado en el mundo o para otros. Haz una lista de ellos, la cual puedas consultar y utilizar después de haberte defendido. Cuando te desvincules, recuerda las afirmaciones de esta lista.

Resumamos los pasos del RIDD: **R**econoces que estás siendo atacado; **I**dentificas la naturaleza del ataque antes de **D**efenderte de él; y luego te **D**esvinculas y te concentras en una cualidad o atributo positivo de ti mismo. Finalmente, como ocurre con todas las herramientas de este libro, la clave del éxito es la práctica persistente y constante.

¿Qué es posible con el crítico interior?

Si bien deshacerte por completo de tu crítico interno es, estoy seguro, una perspectiva bastante atractiva, no es algo que considere realista. Sin embargo, lo que sí es posible es cambiar nuestra dinámica de poder con nuestro crítico interior y silenciar su impacto en nosotros.

Al reconocer de forma constante que estamos siendo atacados, identificar el ataque específico, defendernos de él y luego desvincularnos, con el tiempo retenemos fundamentalmente esta parte de nuestra mente. Al hacerlo, resulta mucho más fácil ser gentiles y amorosos con nosotros mismos.

Volvamos a la historia de Beverly. Ampliar su conciencia sobre su crítica interna fue una parte clave de nuestro trabajo conjunto. En particular, ella notó que proyectaba su crítica interior en otras personas, lo que la llevaba a vivir en un mundo de juicios del que ella era la arquitecta inconsciente. La buena noticia era que ser arquitecta también significaba que, al hacerse más consciente de lo que sucedía, tenía el poder de cambiarlo.

Una de las consecuencias del constante aluvión de juicios proyectados de Beverley fue que continuamente trataba de agradar a la gente y era demasiado complaciente con los demás para apaciguar a su crítica interna y sus ideas sobre lo que pensaran de ella. Así como había aprendido a anteponer siempre las necesidades de su madre, hacía lo mismo con cada persona en su vida.

Cuando Beverley comenzó a defenderse y a calmar el impacto de su crítica interna, aprendió a delimitar mejor sus relaciones con los demás y a escuchar y pedir lo que en realidad quería. El resultado fue que su mundo interior le resultó más sencillo y su vida exterior, con amigos y parejas, se volvió más comprensiva y placentera. Beverley también pudo comprender que su sufrimiento no era culpa suya, sino producto de haber crecido en un entorno que no podía satisfacer sus necesidades emocionales fundamentales.

Ahora que ya exploramos el modelo RESET para la curación del trauma, es tiempo de ver cómo podemos garantizar que la sanación no se produzca solo en tu mundo interior, sino también en tu vida exterior con otras personas.

PARTE III

EL **ABCD** DE LA SANACIÓN DEL TRAUMA EN EL MUNDO REAL

Introducción

Te felicito por llegar a este punto del libro. Ya hemos viajado a algunos lugares desafiantes, pero me temo que dejé la sección más difícil para el final. Sin embargo, también es la de mayores recompensas potenciales.

Para algunas personas, un triste resultado de su viaje es que, aunque logran buenos avances en la sanación de su mundo interior, como consecuencia directa de su trauma eligen mantenerse emocionalmente distanciados del mundo exterior. Las relaciones dolorosas con los demás son la causa de su trauma, por lo que parte de su estrategia defensiva es conservar los muros emocionales que han construido a su alrededor.

Para mí, la verdadera medida del impacto de nuestra curación no radica solo en que hallamos algo de paz y alegría en nosotros mismos, sino que a pesar de todo lo que hayamos pasado, encontramos esos mismos sentimientos en nuestra conexión con otros humanos.

De hecho, es más que eso: descubrimos que la mayor felicidad que podemos experimentar como seres humanos no ocurre en lo más hondo de nuestra alma, sino cuando esta se conecta con otras almas de una manera profunda y significativa. Cuando solo hemos conocido dolor y sufrimiento en nuestras relaciones con los demás, es difícil creer que es a través de estas que sentiremos nuestra mayor alegría, razón por la cual esta parte de nuestra sanación es tan importante.

Es como si allá afuera existieran una alegría y una belleza que ni siquiera podríamos imaginar si antes no las hubiéramos conocido. Y cuanto mayor sea nuestro déficit en el pasado, más potenciales serán la maravilla y el encanto en nuestro futuro.

Para restablecer en verdad nuestro trauma, debemos aprender a dejar que las personas entren a nuestro corazón y nuestra vida una vez más. En cierto sentido, este acto es una declaración de nuestra propia transformación y curación. Por eso, en esta sección final, exploraremos cómo la sanación del trauma se conecta con nuestras relaciones en el mundo exterior.

Llamo a este trabajo el ABCD (por sus iniciales en inglés) de la sanación del trauma, que es como sigue:

1. Pide ayuda (**A**sk for help)
2. Construye mejores límites (**B**uild better bounderies)
3. Comprométete con tu sanación (**C**ommit to your healing)
4. Decide qué significa tu trauma (**D**ecide what your trauma means)

Comenzaremos analizando la importancia de pedir ayuda y el poder de la sanación en comunidad; en cierto sentido, esto es aprender a decir «sí» a los demás. Luego profundizaremos en los límites y en cómo asegurarte de elegir con cuidado a quién invitas a tu mundo interior, lo que corresponde a tu capacidad de decir «no» a los demás.

A continuación, hablaremos sobre lo esencial que es comprometerte con tu viaje de curación y aprender a decirte «sí» y «no» a ti mismo. Al final, cerraremos con la importancia de decidir qué significa tu trauma y cómo, utilizando las herramientas que aprendiste en este libro, puedes prevenir más ECOS en el futuro.

CAPÍTULO 15

Pide ayuda (el poder del sí)

Para algunas personas, escuchar música es un pasatiempo agradable, mientras que para otras, la música es el lenguaje del alma y hace que se sientan conectadas y vivas de una manera inigualable. Yo pertenezco al segundo grupo. En mi adolescencia, descubrir la música furiosa de la guitarra contribuyó a estabilizar mi salud emocional más que cualquier otra cosa. El impacto de que mis ídolos musicales le dieran letra y melodía a los sentimientos que me consumían me ayudó a darme cuenta de que no estaba solo ni mucho menos: había millones de personas que sentían lo mismo.

A medida que la curación de mi propio trauma evolucionó a lo largo de los años, se profundizó mi gratitud por la música. Llegué a darme cuenta de que para mí los teatros y auditorios de música en vivo eran más que solo lugares de entretenimiento: eran mi iglesia. A ellos acudí para sentirme cerca de mí mismo en el ámbito emocional y para conectarme con otros que sentían lo mismo. Durante esas cuantas horas en un concierto, me sentía parte de una comunidad.

La música nos habla a todos de diferente manera y, aunque disfruto de la mayoría de los géneros, la música de guitarra a todo volumen que cautivó a mi alma cuando era adolescente todavía ocupa el lugar más preciado en mi corazón. Una de las bandas que me ha cautivado en especial es Linkin Park.

En el verano de 2017, volvía a casa después de unas vacaciones familiares y, como mis hijos viajaban por otro lado con mi esposa, aproveché el auto vacío para encender el estéreo a todo volumen. De repente, llegó una alerta de las noticias: Chester Bennington, el vocalista de Linkin Park, se había suicidado.

Me sentí derrotado. No conocía a Chester personalmente, pero como su voz me había acompañado en algunos de mis momentos más oscuros, sentía como si lo conociera. Había escuchado a Linkin Park en vivo varias ocasiones en Londres, y la idea de que nunca más volvería a escuchar la inquietante voz de Chester en un estadio me entristeció profundamente.

Por supuesto, Linkin Park ha vendido más de 70 millones de álbumes en todo el mundo, y no estaba solo en mi dolor. Unos meses después de la muerte de Chester, se llevó a cabo un concierto tributo en el Hollywood Bowl de Los Ángeles, en el que se presentó toda la realeza del rock, y se transmitió en vivo por YouTube. Después, como ocurre con todo duelo, hubo un vacío.

Pero entonces sucedió algo mágico. Mike Shinoda, covocalista y compositor principal de Linkin Park, se fue de gira con material nuevo y versiones simplificadas de algunas de las canciones de la banda. El impacto en los fanáticos fue profundo. YouTube está lleno de emotivas grabaciones de los fans en estos conciertos, en los que Mike habla con gran apertura sobre el trabajo de duelo.

Desde los momentos de insondable tristeza hasta los inesperados momentos de alegría y celebración, y desde la confusión sin sentido hasta la honda conexión con el valor de la vida, estos conciertos permitieron que se produjera una sanación. Además de ser una excusa para compartir un poco de mi profundo amor por la música, este es el verdadero punto que quiero señalar: así como nuestro trauma no ocurre de forma aislada, tampoco nuestra curación.

Reunirse con otras personas

Cuando tenemos una experiencia traumática, nuestra tendencia es cerrarnos, alejarnos del mundo y ocultar las heridas que tememos que nunca sanen. Ahora bien, como has estado aprendiendo a lo largo de este libro, por supuesto que podemos hacer mucho para sanar mediante nuestra conciencia y otras estrategias. Pero hay un límite en cuanto a hasta dónde nos llevará este trabajo si no nos atrevemos también a abrir nuestro corazón y buscar a otras personas.

Cuando nos reunimos con otros y los dejamos entrar en nuestro corazón, sucede algo mágico. Nos tocamos y nos conmovemos unos a otros de maneras transformadoras y, en cierto sentido, nos convertimos en un gran sistema nervioso que se corregula en conjunto. Para sentir el impacto sanador de los demás, primero debemos aprender a intimar con ellos. La intimidad es, en cierto sentido, ver dentro de mí. Es la capacidad de ser lo suficientemente vulnerables como para compartir las profundidades de nuestro dolor y sufrimiento. Mientras más les permitamos a los demás entrar en nuestro interior, más podremos tener contacto y sanar.

El problema es que vivimos en una sociedad en la que hay una gran vergüenza cultural en torno a la vulnerabilidad, mostrar nuestra necesidad de los demás y, me atrevo a decirlo, pedir ayuda. Como estoy seguro de que habrás reconocido en este punto de nuestro viaje, la cuestión no es si tenemos necesidades emocionales sino si estamos en contacto con ellas y trabajamos para satisfacerlas.

En términos simples, hay tres tipos de personas en el mundo: *1*) las que tienen necesidades emocionales, son conscientes de ellas y están abiertas a los demás; *2*) aquellas que son conscientes de sus necesidades emocionales, pero no se abren a los demás; y *3*) las que tienen necesidades emocionales sin ser siquiera conscientes de ellas. Por supuesto, quienes más sufren son las de las categorías 2 y 3.

Parte de la razón por la que muchos de quienes hemos vivido un trauma alejamos a los demás y preferimos estar solos, en especial cuando nos sentimos vulnerables, es porque los orígenes de nuestro trauma se deben a experiencias complejas con otras personas. Como resultado, no solo nos hemos alejado de ciertos individuos en nuestra vida, sino que también construimos muros defensivos para mantener a otros fuera y evitar mayores daños emocionales.

Y, sin embargo, contar con la red de apoyo adecuada a nuestro alrededor lo es todo. Tener el apoyo adecuado significa que nos sentimos conectados y sostenidos de forma emocional porque, en definitiva, es la profundidad de la amistad y de la conexión lo que aporta alegría y significado a nuestra vida. Puede tomar algún tiempo encontrar este apoyo, así que veamos quién puede brindarlo y cómo podríamos establecer estas relaciones.

El «quién» y el «cómo» del apoyo

Para generar el apoyo que necesitamos en nuestra vida, necesitamos a las personas adecuadas a nuestro alrededor y también la dinámica adecuada en nuestras interacciones con ellas para brindarnos (unos a otros) el apoyo que queremos y requerimos de una manera sostenible y efectiva. Comenzaremos con el «quién» en tu círculo de apoyo y luego nos enforcaremos en el «cómo» para establecerlas e interactuar mejor en estas relaciones.

¿Quién está en tu círculo de apoyo?

En un mundo ideal, nuestro círculo de apoyo sería una combinación de familiares amorosos, amigos cariñosos y profesionales capacitados. Y ahora mismo, es posible que no contemos con ninguno de ellos. Sin embargo, cualquiera que sea nuestro punto de partida, es importante trabajar activamente para aumentar el círculo de personas que apoyan nuestra sanación. A veces lo que necesitamos es tan simple como la presencia cariñosa de humanos en nuestro espacio físico.

Como dice el refrán, podemos elegir a nuestros amigos, pero no podemos elegir a nuestra familia. Si tenemos la suerte de tener una familia amorosa, comprensiva y sensible en el ámbito emocional, ganamos en verdad el premio mayor de la vida. Muchos de nosotros podemos tener algunos elementos, pero es probable que también haya complejidades. En el siguiente capítulo exploraremos cómo crear límites apropiados cuando estas surjan.

Las relaciones con los miembros de mi familia no siempre han sido fáciles y, por eso, en especial antes de crear mi propia familia con Tania, mis amistades eran muy importantes. En el pico de mi periodo de intensa ansiedad, que describí en el capítulo 1, me sentía sumamente avergonzado porque no podía relajar, por mí mismo, a mi sistema nervioso hasta sentirme seguro. Como ya dije, esto me ocurría en especial por la noche, cuando me recostaba en la cama sintiendo pánico y ansiedad constantes, y trataba desesperadamente de relajarme para llegar a un estado de seguridad y paz. Antes, disfrutaba de mi propia compañía y prefería vivir solo, por lo que reconocer que necesitaba a otras personas a mi alrededor me resultaba vergonzoso y frustrante (gracias a mi crítico interno). Y también sabía que era la verdad.

Entonces, comencé a compartir mi casa con personas (en su mayoría desconocidos) que no sabían nada de la agitación interna en la que vivía. Después de unas semanas noté que eso estaba teniendo un efecto transformador profundo. El simple hecho de tener a otras personas cerca con las que pudiera relajarme al final del día, o tal vez ver un programa de televisión o una película, me ayudó a recalibrar mi sistema nervioso.

Una vez que incluí a un terapeuta eficaz y una comunidad de apoyo más amplia a la mezcla, pasé de sentirme aislado y desesperadamente solo a sentir que tenía un hermoso círculo y a recordar el poder curativo de estar en presencia de otras personas afectuosas. El apoyo humano no fue el único factor necesario para mi sanación, pero fue un ingrediente crucial.

Forjar una conexión con el corazón

Para muchos de nosotros, nuestras amistades son más accidentales que intencionales. Algunas están impulsadas por eventos, en el sentido de que nos reunimos en torno a un proyecto o evento en particular, y nos vinculamos en el proceso. Otras resultan de la proximidad y el vínculo existe porque son las personas más cercanas a nosotros. Algunas de nuestras amistades se construyen por etapas, es decir, pasamos juntos por un periodo particular de la vida que luego se convierte en el pegamento de la amistad.

Sin embargo, lo que más queremos y necesitamos en el centro de nuestras amistades es una conexión con el corazón: personas que compartan los mismos valores y pasiones que nosotros, que traten con el mismo cuidado a las personas que valoramos como importantes y que, en última instancia, nos inviten a ser emocionalmente vulnerables y honestos.

Estas conexiones existen, pero encontrarlas puede llevar, deliberadamente, tiempo y energía. Mientras escribo esta sección final del libro, gestiono un programa de varias semanas de enseñanza para la formación de practicantes de Therapeutic Coaching®, y a medida que cada grupo evoluciona a lo largo de la formación, una de las bendiciones adicionales son las amistades y los vínculos que se van formando.

Cuando las personas que comparten su pasión por el aprendizaje y su compromiso con la sanación entrenan juntas, muchos de los participantes se abren por completo a una nueva posibilidad profesional mientras encuentran su verdadera tribu y siembran las semillas para tener amistades para toda la vida.

Ya sea a través de talleres de desarrollo personal, clases de yoga, grupos de encuentro o muchos otros lugares donde se reúnen personas con ideas afines, hay pocas cosas más poderosas que pasar tiempo con otros en su viaje de curación y compartir el compromiso con el potencial que todos tenemos para cambiar y transformarnos.

El «cómo» del apoyo

Ahora que hablamos de tener al «quién» correcto en tu vida, dirijamos nuestra atención al «cómo» de estas conexiones. Así como amar a nuestros hijos no es suficiente por sí solo para convertirnos en padres hábiles y capaces, amar a nuestros amigos no es suficiente para transformarnos en amigos hábiles y capaces. Esto es particularmente cierto cuando se trata de ofrecer apoyo emocional y contención.

Aquellos de nosotros que hemos sido víctimas de comportamientos coercitivos y manipuladores en las relaciones, o que hemos sido explotados por nuestros instintos de dar y cuidar de los demás, podemos confundirnos acerca de cómo se ve y se siente pedir ayuda en realidad. Y si no sabemos para qué estamos esforzándonos, es posible que permitamos «ayuda» que solo resulte en más dolor y frustración. Para identificar con más facilidad el tipo correcto de apoyo para nuestra vida, explicaremos qué es la ayuda verdadera. Esto también te permitirá ofrecer un apoyo más eficaz a otras personas en tu vida.

Cómo se ve la AYUDA real

Cuando alguien nos ayuda de verdad, tiene cuatro cualidades clave:

1. Estar plenamente presente
2. Expresar empatía
3. Escuchar activamente
4. Aliento positivo

Veamos los cuatro pasos de la AYUDA.

1. Estar plenamente presente

El viejo dicho «Un problema compartido es un problema reducido a la mitad» puede parecer cierto en el sentido metafórico, pero no debería serlo en el sentido literal. Al fin y al cabo, la responsabilidad de los problemas de nuestra vida recae en nosotros mismos. Por supuesto, existirán ocasiones en las que necesitemos apoyo práctico de otros, o la ayuda de un amigo o un ser querido para dar un paso muy difícil, como informar un incidente a una persona capaz de tomar medidas. Pero, sobre todo, lo que necesitamos es alguien que esté plenamente presente con nosotros.

Estar plenamente presente es cuando alguien nos hace una invitación genuina a estar presentes en nuestras emociones y sentimientos mientras los experimentamos. No significa que nos rescate ni que se responsabilice de esa experiencia.

Algunas personas pueden estar muy dispuestas a asumir nuestros problemas porque esto satisface las necesidades de su propio patrón de conducta de ayudante, y su propia autoestima está ligada a que lo hagan. Sin embargo, sanar nuestro trauma implica que otras personas lo asuman por nosotros, sino de aumentar nuestra propia resiliencia y capacidad para enfrentar los desafíos de nuestra vida.

Nos ayudamos unos a otros invitando a la expresión emocional: a estar donde estamos y con lo que sentimos en ese momento. La verdadera clave para estar plenamente presente con otra persona es permanecer presentes para nosotros mismos. Cuanto más presentes estemos con nosotros mismos y conectados con el momento, más podremos estarlo para los demás.

2. Expresar empatía

Una vez que alguien está plenamente presente, el siguiente paso es expresar empatía. Esto significa ser testigo e interesarse con sinceridad en la experiencia de otra persona. Dar una cálida introducción a lo que estamos viviendo nos ayuda a profundizar en ello.

Sin embargo, brindar ayuda no significa asumir las emociones de otra persona. Cuando comenzamos a fusionarnos demasiado con las emociones de alguien más, nuestra capacidad para sostenerla y apoyarla se reduce y aumenta la probabilidad de que nos agotemos a nivel emocional.

Como dije antes, nadie puede procesar las emociones de los demás, e intentar hacerlo nos dejará con menos recursos. De hecho, en mi opinión, este es uno de los defectos de ciertos modelos terapéuticos (la intención de sentir los sentimientos difíciles con el paciente para sanarlo de alguna forma milagrosa). Mi constatación es que los practicantes que trabajan así terminan sin energía en su propia vida. En cierto sentido, se convierten en un vertedero de la pesadez de los demás, con lo cual no podrían sanarlos en absoluto.

Con frecuencia, lo que más necesitamos es que alguien exprese genuino interés y preocupación por nuestro mundo y nos invite a acercarnos emocionalmente por nuestra voluntad. También podríamos estar proporcionándonos alguna corregulación temporal mutua del sistema nervioso, pero expresar empatía, si se hace de forma correcta, tiene un límite claro entre nosotros y la otra persona.

3. Escuchar activamente

Ahora que estamos plenamente presentes y tenemos empatía, el siguiente paso es escuchar de manera activa. Esto significa que estamos sinceramente involucrados en la conversación, de modo que hacemos preguntas apropiadas para profundizar más.

Sin embargo, la escucha activa no se trata de ofrecer soluciones. Por supuesto, está bien si surgen propuestas en el camino, pero imponer nuestras propias ideas a los demás rara vez es útil. Cuando buscamos apoyo emocional y encontramos soluciones racionales, lo más probable es que nos sintamos tanto invisibles y sin apoyo en el aspecto emocional como juzgados y avergonzados.

El truco consiste en hacer, con intención genuina, preguntas perspicaces y útiles para guiar a alguien hacia sus propias respuestas. Y cuando veamos algo sobre lo cual podamos brindar retroalimentación constructiva, debemos hacerlo con permiso, respeto, cuidado y sensibilidad.

4. Aliento positivo

Si estamos plenamente presentes, ofrecemos empatía y escuchamos activamente, el paso final es el aliento positivo. Este debe enviar un mensaje de calidez y tranquilidad y al mismo tiempo debe provenir de un lugar consciente. El objetivo no es intentar mejorar las situaciones, sino ayudar a la otra persona a ver los aspectos positivos y las oportunidades.

¿Recuerdas de lo que hablamos en el capítulo 10 cuando exploramos la neuroplasticidad? Nosotros entrenamos nuestro cerebro según los patrones de pensamiento consistentes que tenemos, y cuando nos encontramos continuamente en un estado mental negativo, esto nos condiciona. Cuando alguien se siente conectado de manera activa con nosotros y ya realizamos los tres pasos de AYUDA previos, esa persona mostrará mayor apertura a la narrativa más esperanzadora disponible.

¿Necesitas más ayuda?

Una vez que comprendas cómo funciona la AYUDA, espero que puedas reconocer quién sí y quién no te brinda el tipo de apoyo que necesitas; y, de hecho, si cuentas o no con el suficiente en tu vida. Profundicemos en esto con el siguiente ejercicio.

LA AUDITORÍA DE AYUDA

Tómate un tiempo para reflexionar sobre las diferentes áreas de tu vida e identificar dónde puedes necesitar más apoyo. Quizás te resulte útil calificar cada área del 0 al 10, siendo 10 lo óptimo, para esclarecer dónde te encuentras en este momento.

Familia

- ¿Qué tan visto y aceptado te sientes por tu familia?
- ¿Sientes que tu familia expresa un interés genuino en ti y en tu vida?
- ¿Qué tan amado te sientes por tu familia?

Amigos

- ¿Cuántos amigos cercanos tienes que sientes que de verdad se preocupan por ti?
- ¿Pasas tiempo de manera regular conectándote con tus amigos y estando con ellos?
- ¿Puedes compartir tus experiencias más profundas con tus amigos?

Comunidad

- ¿Te sientes parte de una comunidad activa y receptiva? Podría ser la iglesia, el trabajo, los vecinos, los clubes deportivos, la escuela de los niños, etcétera.
- ¿Te sientes cómodo siendo tú mismo en tu comunidad?
- ¿Tu comunidad busca y cuida activamente a las personas que la integran?

Apoyo profesional

- ¿Tienes un terapeuta/*coach* profesional con quien puedas trabajar los problemas según sea necesario? Si no, ¿podrías considerar buscar uno?
- ¿Sientes que este profesional puede desafiarte de forma útil en aspectos de ti mismo que podrían ser difíciles de ver?
- ¿Te sientes sostenido y cuidado por alguien que no tiene intenciones ocultas contigo?

¿Qué observas después de completar la auditoría de AYUDA? ¿Hay áreas de tu vida que son ricas en ayuda y apoyo y otras en las que puede haber espacio para algo más? Es importante recordar que todos partimos de lugares diferentes y que dondequiera que te encuentres ahora está bien. El objetivo de este ejercicio no es que te compares con los demás, sino que tengas conciencia de las áreas de tu vida en las que quizá quieras invertir más AYUDA.

Siguientes pasos

Separé deliberadamente las áreas de la vida en la auditoría de AYUDA porque creo que todas tienen algo único e importante que ofrecernos. Por ejemplo, tenemos una historia profunda con la familia que quizá no tengamos con los amigos. Y de igual manera, el apoyo profesional nos ofrecerá una comprensión diferente a la que nos dan quienes están en una relación día a día con nosotros.

También creo que es importante no combinar algunas de estas áreas; por ejemplo, ¡no queremos convertir a nuestros amigos en nuestros terapeutas ni a nuestro terapeuta en nuestro amigo! Del mismo modo, es posible que no necesitemos a toda la gente en estas áreas todo el tiempo. En definitiva, no creo que todo el mundo deba estar en terapia todo el tiempo, y puede haber ocasiones en las que lo más saludable sea darnos algún espacio respecto de nuestra familia. Con suerte, el ejercicio te ha ayudado a aclarar las áreas que necesitan atención y tu trabajo ahora es actuar en consecuencia.

Por supuesto, cuando se trata de las relaciones en nuestras vidas, puede complicarse controlar los límites y nuestra capacidad de decir «no» a aquellos que no nos satisfacen a nivel emocional como necesitamos o queremos. Esto es en especial cierto para quienes aprendimos que no podíamos tener límites, o que tenemos personas en nuestra vida que una y otra vez los rompen. Esto es lo que exploraremos en el siguiente capítulo.

CAPÍTULO 16

Construye mejores límites (el poder del no)

Un sábado por la noche, cuando tenía veintitantos años, mi novia de entonces y yo estábamos relajados en el sillón viendo la televisión después de cenar. Tiempo antes nos habíamos mudado juntos y, ya que había vivido solo durante los últimos años, disfrutaba de la comodidad y la familiaridad de tener una relación enriquecedora. De pronto sonó mi celular y vi que quien llamaba era mi madre. Me preocupé de inmediato de que algo estuviera mal, pues no había otra razón para que me llamara tan tarde.

Un instante después de contestar el teléfono, me di cuenta de que mi madre, en efecto, no estaba bien. Estaba un poco histérica y antes de que pudiera pronunciar las palabras, supuse que la llamada sería sobre mi hermana. Su salud mental y sus problemas de comportamiento no habían mejorado desde la infancia y, en años más recientes, había recibido diagnósticos de trastorno límite de la personalidad, trastorno esquizoafectivo y trastorno bipolar. Su relación con mi madre era muy destructiva y abusiva, y mis numerosos intentos por ayudar a desentrañar esto (incluyendo apoyar a mi hermana y a mi madre por separado y tratar de guiarlas y educarlas hacia una forma más funcional de relacionarse entre sí) no habían tenido ningún impacto.

Unos años antes, mientras realizaba mi formación terapéutica, llamé a mi hermana casi a diario durante un año para contarle lo que estaba aprendiendo. Pero tan pronto como dejé de hacer el trabajo por ella, ella dejó de involucrarse. Me di cuenta de que le gustaba el contacto regular y la energía que yo le brindaba, pero no tenía ningún deseo significativo de cambiar.

Esa noche, sentado en el sillón con cada vez más pesadumbre en el corazón, mi madre me explicó que mi hermana se había puesto violenta y había destrozado parte de nuestra casa, antes de decir que regresaría a la suya caminando, la cual estaba a casi 160 km de distancia. Mi madre estaba alterada y temerosa de que mi hermana regresara, pero también muy preocupada de que una persona vulnerable caminara por las calles a mitad de la noche.

Yo tenía emociones encontradas. Sentía empatía por mi madre y preocupación por mi hermana, pero también una profunda frustración. Este era el más reciente de una larga lista de eventos similares, y estábamos atrapados en un clásico triángulo dramático en el que mi madre era la víctima, mi hermana era la perpetradora y yo era el salvador.

Siempre el salvador

Sabiendo lo que sabía sobre psicología, era consciente de lo poco saludable que era esta situación para todos los involucrados. Y, dado que mis intentos genuinos por intentar mejorar la relación entre mi madre y mi hermana caían sin cesar en oídos sordos, lidiaba con una situación imposible. En efecto, mi calidad de vida estaba ligada a las acciones de otros que estaban atrapados en una dinámica destructiva sin acción comprometida para cambiar.

Sin embargo, mientras escuchaba a mi madre desesperada, mi patrón de salvador una vez más se hizo cargo y le dije que estaría con ella lo más pronto posible. Al colgar el teléfono me di cuenta de que ya era demasiado tarde para tomar el último tren desde Londres y, como en ese momento no tenía coche, la única opción era llamar a un taxi. Así que gasté una pequeña fortuna en un viaje de 90 minutos y llegué a la casa de mi madre alrededor de la medianoche.

Mi mamá todavía estaba angustiada; ya había contactado a la policía, pero como estaban ocupados con las habituales aventuras de los sábados por la noche, no parecían muy interesados. Decidí que mi primera acción sería dirigirme a la estación de tren local, que estaba a unos cuantos kilómetros de distancia, en el coche de mi madre. En un golpe de suerte, encontré a mi hermana caminando de un lado al otro del andén; el siguiente tren no llegaría sino hasta las 5 a. m., para lo que faltaban todavía cuatro horas. Logré convencerla de que se subiera al auto y luego hicimos el viaje de dos horas hasta donde ella vivía, que estaba en la dirección opuesta a mi casa.

Para cuando llegamos eran las 3 a. m., así que dormí unas horas en el sillón de mi hermana, después llevé el auto a casa de mi madre y luego tomé un tren de regreso a casa para llegar a tiempo para el *brunch* del domingo. Durante mi viaje en coche y en tren, tomé algunas decisiones muy difíciles que debía haber tomado mucho tiempo antes.

El asunto principal era que ser el rescatador no ayudaba en absoluto ni a mi madre ni a mi hermana, pero sí perjudicaba en gran medida mi vida. No era que no estuviera dispuesto a renunciar a mi sábado por la noche para apoyar a mis seres queridos; el problema era que se trataba de un ciclo que nunca terminaría y lo más probable era que mis acciones lo perpetuaban.

Me hice cada vez más consciente de que mi infinita paciencia y mi voluntad de ayudar a salvar situaciones como esta eran un recurso que evitaba que las cosas empeoraran lo suficiente como para que se pudieran producir cambios más fundamentales. De alguna manera, en mis intentos por rescatarlas a ambas, fui parte del problema más que de la solución.

Poner mis necesidades primero

Decidí que necesitaba comenzar a priorizar mi propia felicidad, mi estabilidad y mi calidad de vida por encima de estar al otro lado del teléfono para las interminables quejas por los problemas de mi hermana y los intentos fallidos de mi madre para solucionarlos. En pocas palabras, para decirme que *sí* a mí mismo, tendría que decirle que *no* a mi familia.

No me resultó fácil priorizar mis propias necesidades, pero después de años de hacer lo opuesto, sabía que no tenía otra opción. Llamé a mi madre y le expliqué con firmeza y claridad que ya no estaba disponible para rescatarlas a ella y a mi hermana. Las amaba a ambas, le dije, pero también necesitaba amarme a mí mismo, por lo que ya no debía llamarme para ayudarle en tales situaciones.

Aunque en parte estaba alimentada por una profunda frustración, no fue fácil tener esa conversación. Yo sabía que a mi madre le parecía que yo le estaba diciendo que no la amaba. Y no había palabras que pudiera decir para que se diera cuenta de que lo que yo estaba haciendo era, en última instancia, lo correcto. También sabía que mis acciones dejarían a una persona vulnerable que amaba en un lugar aún más vulnerable. Pero solo porque hacer cosas difíciles sea difícil no significa que no debamos hacerlas.

Los siguientes meses no fueron una transición sencilla. La liberación que sentí en mi acto inicial pronto fue reemplazada por la realidad de negarme a ayudar en algunos momentos difíciles y perturbadores. Como ocurre con el establecimiento de cualquier nuevo límite, mi determinación se puso a prueba de manera regular y brutal. Pero sabía por qué lo estaba haciendo.

Con el paso del tiempo, mi madre y mi hermana continuaron su dinámica, pero mi vida se simplificó. A veces me resultaba doloroso y desafiante observar su sufrimiento sin hacer nada para ayudarlas. Y también sabía que, además de ser saludables y apropiadas, mis acciones eran la única forma en que podía respetar y cuidar mi propio corazón y mis necesidades emocionales, así como romper el ciclo dramático en mi vida. En cierto sentido, tenía que enseñarles a mi madre y a mi hermana una nueva forma de tratarme estableciendo mejores límites.

Límites saludables frente a límites nocivos

Como vimos en el capítulo 4, un límite es una línea real o imaginaria que indica el margen o hasta dónde llega algo. Una frontera separa a uno mismo de los demás, el interior del exterior, y una nación de otra. En el contexto de lo que estamos hablando aquí, un límite es nuestra capacidad de defender lo que queremos y lo que no en relación con los demás en nuestra vida. Nuestros límites pueden cruzarse o vulnerarse de muchas maneras: puede ser que alguien esté demasiado cerca de nosotros e invada nuestro espacio físico o emocional, o que desperdicie nuestro tiempo o energía por lo que espera o exige de nosotros. Una transgresión de límites también podría verse en cómo nos habla alguien, ya sea por las palabras o el tono que usa.

Crear límites apropiados y saludables en nuestras relaciones no solo es fundamental para apoyar la sanación de nuestro trauma; también es parte del antídoto para evitar mayores traumas en nuestro futuro. Si no tenemos límites saludables, corremos el riesgo de terminar en ciclos repetitivos de dinámicas de relaciones abusivas y de encontrar una resonancia disfuncional con aquellos que buscan traspasar los límites de otras personas.

Uno de los impactos con mayor incidencia de la experiencia de un trauma infantil es que hayamos crecido con límites poco saludables. Esto significa que nos habremos normalizado a dinámicas y patrones con aquellos en nuestra vida que resuenan con lo que sabemos desde la infancia. Casi por definición, cuanto más disfuncionales hayan sido nuestras relaciones infantiles, más probabilidades tendremos de encontrarnos en relaciones disfuncionales cuando somos adultos, a menos, por supuesto, que hayamos tomado una decisión proactiva y deliberada de avanzar hacia una ruta diferente.[1, 2]

Son nuestros límites con los demás los que comunican qué está bien para nosotros y lo que no. Nuestros límites dictan aquello de lo que queremos más y menos, y cómo es aceptable o intolerable tratarnos. En definitiva, los límites saludables nos permiten decir «sí» a aquello de lo que queremos más o «no» a aquello de lo que queremos menos. Nuestros límites nos permiten acercarnos o alejarnos de las personas por la manera en como nos tratan.

Decirnos «sí» a nosotros mismos

Aprender a tener límites saludables con los demás no se trata solo de asegurarnos de que nuestras relaciones sean saludables y nos brinden apoyo. Para decirnos «sí» a nosotros mismos, debemos poderles decir «no» a los demás. Dicho de otra manera, para reservar el tiempo y el espacio suficientes para escuchar nuestras propias necesidades (que pueden ser cualquier cosa, desde enfocarnos en nuestro viaje de sanación hasta dedicarnos a pasatiempos que nos entusiasmen), debemos poder decir «no» a las exigencias de otras personas por nuestro tiempo, energía y atención.

Puede ser que esas exigencias sean obvias y manejables, pero para muchos de nosotros pueden parecer implacables y abrumadoras, lo cual es una razón más para esforzarse y generar cambios en esta parte de nuestra vida. Si estamos normalizados a tener relaciones tóxicas, lo más probable es que casi nos adormezcamos ante el impacto de las interminables exigencias que recibimos y, en consecuencia, descuidemos nuestras propias necesidades y deseos.

Mientras trabajaba duro para liberarme de mis relaciones tóxicas familiares, descubrí que una de las principales razones por las que me dejaba atrapar era mi tendencia a responsabilizarme demasiado de otras personas. Me di cuenta de que esto era en particular problemático con quienes no asumían su responsabilidad de sí mismos y de su vida, ya que yo me encontraba asumiéndola por ellos.

Recuerdo una ocasión en la que me sentí arrastrado a la dinámica nociva con mi madre y mi hermana, y estaba esforzándome mucho para ayudar a mi hermana a cambiar su estado de ánimo. Retrocedí por un momento con total exasperación y me pregunté: «¿de quién es esta mierda?». En verdad, el problema era de ella, no mío, pero era yo quien estaba trabajando mucho más duro para intentar cambiarlo.

El *continuum* de la responsabilidad

Si tenemos una tendencia hacia un patrón de ayudante (véase el capítulo 8), eso nos vulnera aún más para encontrarnos en relaciones desequilibradas en las que asumimos demasiada responsabilidad. En cierto sentido, cuando hay una persona que no asume responsabilidades en su vida, tenemos la oportunidad de intervenir e intentar satisfacer nuestras necesidades emocionales básicas ayudándola.

Una forma útil de pensar en esto es como un *continuum* de responsabilidad. En un extremo de este hay personas que no asumen ninguna responsabilidad por sí mismas y por su vida, lo que también las convertiría en víctimas incapaces de influir o cambiar lo que está sucediendo. En el otro lado, está la responsabilidad de todo y de todos, lo que no es solo una receta garantizada para el estrés, sino que también es profundamente enfermizo.

Si descubres que asumes demasiada responsabilidad por los demás, es posible que tiendas a permitir que otros te manipulen. Y si eres alguien que no asume suficiente responsabilidad, seguramente, parte de establecer límites más saludables sea adueñarte más de ti mismo y de tu vida.

¿Tus límites están siendo traspasados?

Para ayudarnos a identificar cuándo necesitamos establecer un límite nuevo o fortalecer otro, primero debemos tener un sistema de alerta temprana para saber cuándo están siendo traspasados. Esto es en especial importante dado lo normalizados que podemos llegar a estar con el proceso.

Un buen punto de partida es observar lo que sucede en nuestros cuerpos físico y emocional cuando alguien traspasa nuestros límites. El hecho de que nos hayamos normalizado y no notemos el impacto no significa que no exista. Para mí, una señal clara es que mi sistema nervioso empieza a activar una respuesta de estrés, y otra es que me siento raro e incómodo, con una ligera sensación de irritación.

IDENTIFICA TU REACCIÓN A LAS TRANSGRESIONES DE LÍMITES

Me gustaría que te tomaras un tiempo para explorar lo que sucede en tus cuerpos físico y emocional cuando alguien traspasa tus límites. ¿Cuál de los siguientes signos notas? Recuerda, puedes encontrar una hoja de trabajo (en inglés) que te ayudará con este ejercicio en el curso complementario gratuito disponible en <www.alexhoward.com/trauma>.

Cuerpo físico

- Tensión muscular
- Respiración superficial
- Corazón acelerado
- Cuerpo que trata de alejarse

Cuerpo emocional

- Sentirse inseguro
- Cerrarse emocionalmente
- Irritable y con ganas de tomar distancia
- Sensación general de malestar

Todos somos diferentes en cuanto a lo que sucede dentro de nosotros cuando sentimos que alguien está traspasando nuestros límites, así que agrega tus propios ejemplos a esta lista para que refleje tu experiencia.

Identificar cuando alguien nos hace dudar de nuestra propia realidad (*gaslighting*)

Una transgresión de límites en particular complicada es cuando alguien intenta, de manera coercitiva o manipuladora, hacernos cuestionar nuestra propia realidad (lo que popularmente se conoce por su término en inglés como *gaslighting*). La diferencia entre el *gaslighting* y el cuestionamiento saludable es tanto la intención que hay detrás como la forma en que se utiliza. Como exploramos antes, a veces puede haber una pizca de verdad en lo que nuestro crítico interno dice de nosotros, pero eso no justifica matar el carácter que conlleva. Lo mismo ocurre con el *gaslighting*: alguien puede tomar una porción de verdad y usarla para manipularnos y llevarnos a una posición simplemente engañosa. En cierto sentido, lo que están haciendo es tomar nuestro miedo central —que todo es culpa nuestra— y usarlo en nuestra contra.

Por ejemplo, digamos que olvidamos llamar a un ser querido cuando habíamos prometido que lo haríamos. No había maldad detrás de esto, solo estábamos ocupados con otras circunstancias que ocurrían en nuestra vida. Pero la respuesta de la persona involucrada es hacer de este pequeño descuido un ataque, y lo convierte en una narrativa entera en la que somos personas egoístas e indiferentes.

El *gaslighting* tiene muchas capas y puede llevar algo de tiempo, habilidad e incluso apoyo profesional poder identificarlo por completo. Pero un buen punto de partida es buscar las señales que acabamos de explorar sobre lo que podría suceder cuando alguien traspasa nuestros límites. Una señal bastante sólida de que alguien está haciéndonos cuestionar nuestra percepción se manifiesta cuando nos sentimos demasiado responsables, debido a algo que la otra persona dijo.

¿Cómo son los límites sanos?

Ahora que examinamos qué son los límites y cómo saber cuándo no están siendo respetados, consideremos cómo son los límites sanos y cómo podemos aprender a establecerlos. Hacerlo puede parecer sencillo, pero, como cualquier padre o madre sabe, ¡tiende a ser bastante complicado! Los límites saludables tienen algunas cualidades clave, como las siguientes:

- FUERTES: son lo suficientemente firmes como para enfrentar los desafíos que surjan.
- INTELIGENTES: fueron pensados, están justificados y son sensatos.
- AMOROSOS: se sienten respetados de forma mutua siempre que sea posible.
- RESPONSIVOS: responden a la necesidad inmediata y se adaptan a lo que funcione.
- EMPODERADORES: nos permiten sentirnos con el poder y la dignidad de defendernos a nosotros mismos.

Ahora bien, aprender a establecer límites sanos es una práctica que lleva tiempo. Parte de esto es darte permiso para hacerlo y saber que nadie tiene derecho a tratarte de forma dura, cruel o manipuladora. Muchas veces, lo que en particular dificulta no darnos por vencidos es nuestro crítico interno; si ese es tu caso, te invito a que revises el capítulo 14. Esto puede ser especialmente relevante al establecer límites saludables con nuestros padres, cuyas voces son el modelo original de nuestro crítico interno.

Fortalece tu «no»

La esencia de establecer un nuevo límite es poder decirle a alguien que no. Podemos pensar en ello demasiado, pero en realidad es mucho más sencillo que las historias mentales que nos contamos sobre lo que podría suceder. La clave es estar tranquilo, ser firme y consistente.

Si alguien nos habla de una manera que no es respetuosa o no es aceptable en nuestro modelo del mundo (que bien puede actualizarse a medida que trabajas en este libro), entonces debemos decírselo. Con frecuencia, suele ser tan simple como decir: «Por favor, no me hables de esa manera». Como ocurre con el crítico interno, el truco consiste en evitar dejarse atrapar por los detalles y abocarse a mantener un límite claro y consistente.

Si la respuesta de la persona es reforzar su comportamiento e ignorar tu solicitud de limitarse, eso te muestra algunos aspectos importantes sobre ella y su relación. De hecho, bien puede ser una señal de que necesitas distanciarte más de esta persona.

ESTABLECER UN LÍMITE SANO

Para darle vida a esto, me gustaría que establecieras un nuevo límite en el futuro cercano.

1. Piensa en una persona y una situación en la que necesites un límite más fuerte.
2. Dedica cierto tiempo a pensar en cómo puedes expresar lo que necesitas de una manera breve, firme y empoderada.
3. Escribe tus palabras y practica expresarlas en voz alta con firmeza y poder. Por ejemplo, podrías decir: «Me

duele cuando me hablas de esa manera, por favor, deja de hacerlo» o «Gracias por la invitación a hacer esto, pero no es algo que me gustaría en este momento».

4. La próxima vez que veas a esta persona o estés en esa situación, practica estableciendo el nuevo límite.

Asegúrate de ser amable y solidario contigo mismo mientras instauras tu nuevo límite.

La danza del cambio

Cuando empieces a establecer más límites en tu vida, desafiarás la dinámica de tus relaciones, por lo que es probable que notes que las personas responden en alguna de tres maneras, lo que me gusta llamar la *danza del cambio*. Digamos que ahora mismo estás bailando tango con alguien, están sincronizados y dando pasos juntos. Entonces decides que vas a bailar salsa. Tu pareja tiene las siguientes opciones:

- Puede unirse y bailar contigo el nuevo género, es decir, puede encontrarse contigo en la nueva forma de relacionarse que estás pidiendo.
- Puede intentar que vuelvas al viejo baile, no porque no te ame, sino porque te ama y teme que si cambias, ya no estará cerca de ti del modo en que está familiarizado.
- Puede bailar por separado y seguir cada uno su propio camino.

Mi experiencia es que cuando estamos en un camino proactivo de crecimiento y desarrollo interior, terminaremos desafiando muchas de nuestras relaciones de distintas maneras en diferentes puntos. Como resultado, es posible que descubramos que crecimos en otra dirección respecto a varias personas de nuestra vida.

Tal vez se sienta un poco como si hubiéramos sacado todos los muebles viejos y anticuados de nuestra casa. Pero se necesita tiempo para llenarla con los muebles adecuados para donde estamos ahora y, mientras tanto, debemos encontrar nuestra paz en el vacío y la soledad. Esta puede ser una parte difícil y dolorosa del proceso de sanación, pero si queremos cambiar, debemos ser proactivos.

Deja que el péndulo oscile

También puede darse el caso de que, mientras averiguamos cómo se ve, cómo suena y cómo se siente establecer límites, tal vez debamos permitirnos ir más lejos en el otro sentido. Piensa en esto como si fuera un péndulo que ha estado trabado en una dirección. Cuando al fin se suelta y se le permite balancearse, superará su punto de descanso y equilibrio y estará un tiempo balanceándose hasta encontrar ese punto de equilibrio.

Aplicado en ti, verás que has sido demasiado complaciente y rápido para ignorar tus propias necesidades en las relaciones, pero mientras trabajas para hallar un nuevo punto de equilibrio, te descubres diciendo que no a ciertas situaciones que, en retrospectiva, no lo necesitaban. Reconoces que fue el péndulo el que se balanceó bastante. Pero, por favor, no te preocupes si esto ocurre porque es una señal de progreso y solo necesitas algo de tiempo para encontrar, poco a poco, un nuevo punto de equilibrio.

Por supuesto, no solo debemos aprender a tener límites sanos con otras personas, sino también con nosotros mismos. A continuación vamos a centrar nuestra atención en tus límites internos y en la importancia de comprometerte con la sanación de tu trauma.

CAPÍTULO 17

Comprométete con tu sanación

Encontrar a los participantes adecuados para mi serie y pódcast de YouTube *In Therapy with Alex Howard* no siempre es fácil. Por supuesto, el primer obstáculo es obvio: se necesita una enorme cantidad de valentía para que alguien lo suficientemente vulnerable para compartir su viaje terapéutico ante la cámara. Sin embargo, esa no es nuestra mayor barrera a la hora de buscar participantes; de hecho, desde el lanzamiento de la serie, nos ha sorprendido la cantidad de personas inmensamente valientes que hay por ahí.

El verdadero desafío es encontrar una amplia gama de participantes que refleje la maravillosa diversidad de la sociedad moderna. Dado que los hombres en particular tienen menos probabilidades de acceder a terapia,[1-3] y ya no digamos hablar de ello, desde el principio sabíamos que podríamos estar en peligro de reflejar este estereotipo. Nuestros temores se agravaron cuando los dos primeros hombres que comenzaron a filmar con nosotros renunciaron después de algunas sesiones. Y entonces, llegó David.

Originario de Glasgow, Escocia, David estaba en la mitad de sus 40 años y sufría una depresión debilitante que le provocaba periodos regulares de pensamientos suicidas. Había sufrido una serie de derrames cerebrales cuando tenía veintitantos años y, aunque había aceptado el impacto en su movilidad, era comprensible que hubiera afectado su confianza.

Comencé a filmar con David alrededor de nueve meses después de la pandemia de COVID-19, y el primer encierro lo afectó en particular. Había perdido a su padre unos meses antes a causa de cáncer y, debido a las restricciones, solo había podido despedirse de él con la mano a través de una ventana. También perdió a varios amigos cercanos, incluido uno por suicidio, y rompió con su novia de mucho tiempo. Todos los días se sentía consumido por el dolor y por una intensa sensación de desesperanza respecto del futuro.

Compromiso en acción

David me agradó al instante, en primer lugar y en especial, por su seco sentido del humor escocés, que no expresa emociones. Sin embargo, tenía dudas sobre si continuaría con el proceso terapéutico. Sabía que él quería que su vida cambiara, pero el problema de la depresión es que puede minar la energía y el ingenio que necesitamos para invertir en el proceso de cambio.

Tampoco ayudó que después de algunas sesiones de filmación con David, el Reino Unido fuera puesto de nuevo bajo confinamiento, lo que significó que volvería a sentirse intensamente aislado. También tuvimos que cambiar nuestras sesiones para hacerlas en línea. Era obvio que David no soportaba por gusto a los tontos, y si iba a seguir con el proceso, tendría que ver pruebas de que valdría la pena.

Durante muchos años, una parte clave de mi enfoque terapéutico ha sido aprovechar mis diversos cursos y videos en línea para profundizar el trabajo de los pacientes fuera del consultorio. Después de todo, si alguien dedica solo una hora cada tantas semanas para cambiar su vida, el impacto será muy limitado; pero si tiene recursos en línea continuos, marcará una gran diferencia.

Entre las pocas personas que comenzaron a filmar *In Therapy* pero no continuaron, notamos un problema común: esperaban que el proceso hiciera el trabajo por ellos y habían subestimado lo que el proceso esperaría de ellos. El proceso ofrece a los participantes una oportunidad; sin embargo, deben invertir su corazón y energía en ello.

Como dice el proverbio: «Puedes llevar un caballo al agua, pero no puedes obligarlo a beber». Al comienzo de nuestro viaje juntos lo dije: «no es culpa tuya tener un trauma, pero sí es tu responsabilidad trabajar para sanarlo».

Para mi alivio, David quería hacer el trabajo y, entre nuestras primeras sesiones, usó mi modelo RESET Program® mientras filmaba conmigo cada tantas semanas. Hizo los ejercicios y utilizó las herramientas, y las cosas empezaron a cambiar para él. Los cambios fueron pequeños al principio, pero, con el tiempo, las repercusiones en su vida aumentaron bastante. En cierto sentido, un resultado clave de mi trabajo con David fue que aprendió a convertirse en su mejor entrenador.

Aprende a entrenarte

Conforme nos acercamos al final de nuestro tiempo juntos, quiero enfocar nuestra atención en tus próximos pasos y garantizar que este libro no sea solo una lectura interesante. Así como me aseguré de que David estuviera esforzándose fuera de nuestras sesiones, quiero asegurarme de que tú hagas los ejercicios del libro y apliques en tu vida lo que has estado aprendiendo en cada capítulo. Como dije antes, el conocimiento es bueno, pero es la acción la que genera el cambio.

Por supuesto, será distinto lo que cada lector priorizará y a lo que le dará importancia para su trabajo, por lo que, con el espíritu de cualquier entrenador eficaz, te guiaré para que crees tu propio plan, en lugar de imponerte uno predefinido.

Sin embargo, es probable que tu programa incluya una práctica de meditación con atención plena (*mindfulness*), así como el trabajo para ampliar tu autoconciencia y aplicar las herramientas que necesitas para impulsar el cambio. Como respaldo, nos enfocaremos en tres elementos clave: el qué, el cómo y el ¿qué tal si…?

Con *qué* me refiero a cuáles serán tus nuevos hábitos. El *cómo* es la forma en que los pondrás en práctica (en esencia, cómo te estás relacionando contigo mismo). Y el *¿qué tal si…?* refiere a cómo responderás si las cosas de pronto se desvían de lo esperado, ¡lo cual seguramente ocurrirá en algún momento!

¿Cuáles son tus nuevos hábitos?

En el capítulo 10, donde hablamos de la neuroplasticidad, exploramos el poder de los hábitos y cómo están condicionados por todo lo que hacemos consistentemente. Para este momento, tendrás numerosos hábitos y patrones diarios que se han convertido en una parte normalizada de tu rutina diaria. Algunos pueden ser inmensamente útiles, otros no tanto.

Para restablecer tu trauma no es necesario que cambies todo en tu vida; más bien, los *suficientes* elementos para inclinar la balanza hacia un nuevo lado. Creo que es importante hacer esta distinción, en especial para aquellos que podemos tener un patrón perfeccionista y, por lo tanto, una imagen inalcanzable de cómo debería ser nuestra sanación.

La buena noticia es que lo que se necesita para cambiar, muchas veces no es tan radical como podríamos pensar a corto plazo. Pero la mala noticia es la probabilidad de que sea más repetitivo y tedioso de lo que pensábamos. De hecho, lo que importa más que nada es la coherencia y el seguimiento de las prácticas y herramientas diarias que funcionan para transformar nuestro equilibrio homeostático en un equilibrio nuevo y saludable.

A lo largo de este libro, hemos explorado tres categorías de trabajo interior. En primer lugar, la necesidad de cambiar el estado de tu sistema nervioso y la importancia de contar con herramientas como la meditación para ayudar a lograrlo. En segundo lugar, he ofrecido muchos marcos de trabajo distintos para apoyarte en ampliar tu autoconciencia. Y, por último, hemos profundizado en prácticas específicas para impulsar el cambio.

Tener algún tipo de práctica diaria de meditación es fundamental. Como comentamos en el capítulo 9, si necesitas adaptar esto para que funcione según tus propias sensibilidades, por favor, hazlo. Pero es fundamental tener una práctica que genere una sensación interna de seguridad y sostén en tu cuerpo y sistema nervioso.

En casi todos los capítulos has realizado ejercicios para ayudarte a ampliar tu conciencia, y te recomiendo de verdad que los repitas varias veces, en especial a medida que continúas trabajando en ti mismo, ya que tus respuestas cambiarán y evolucionarán con el tiempo. En cierto sentido, la conciencia de ti mismo tiende a parecerse a quitar las capas de una cebolla: cada capa revela otra a medida que nuestra comprensión se profundiza y se expande. Para abordar tus hábitos en sí, implementemos algo concreto.

TU PRÁCTICA DIARIA DE SANACIÓN

Para que el trabajo que has estado haciendo en este libro cobre vida en el mundo real, quiero animarte a que te comprometas con una práctica sanadora diaria. Te sugiero que le dediques al menos 15 minutos, pero lo ideal sería entre 30 y 60 minutos.

Paso 1

¿Qué hora del día funcionará mejor para ti? Para muchas personas es la primera hora de la mañana, antes de que comiencen las distracciones del día. Pero si este no es el mejor momento para ti, no dudes en elegir uno que sí lo sea. Sin embargo, lo ideal sería establecer un horario constante cada día. Si para ti es más realista comprometerte, digamos, cinco días a la semana, también está bien.

Paso 2

Comienza con tu práctica de meditación (siéntete libre de adaptar la del capítulo 9 a lo que sea que te ayude). Comienza con 10 minutos y ve aumentando hasta llegar a 30 minutos.

Paso 3

Reflexiona sobre lo que te está pasando en este momento. Puedes utilizar cualquiera de los ejercicios del libro, pero si necesitas algo más personalizado, trabaja con la práctica de indagación terapéutica del capítulo 12 para explorar qué te está sucediendo hoy.

Paso 4

Trabaja de manera activa para cambiar tu experiencia con las herramientas del libro:

- Los pasos para hacer un ALTO: capítulo 10
- La práctica de la indagación terapéutica: capítulo 12
- Superar tu resistencia interior: capítulo 13
- Abordar a tu crítico interno: capítulo 14
- Pedir AYUDA: capítulo 15
- Establecer límites: capítulo 16

Lo más importante aquí no es hacerlo «bien», sino hacer que las cosas avancen y progresen. Al establecer una práctica diaria adaptada a ti, estás dando un paso importante, no solo para fomentar el cambio, sino para hacerlo de una forma personalizada.

¿Cómo te apoyas a ti mismo?

Ahora que ya abordamos el *qué* de tu proceso de cambio, vamos a explorar el *cómo* lo abordas. Aprender a ser nuestro mejor entrenador y asistente no solo es «algo bueno que tener» en nuestro viaje de sanación, sino que es fundamental para recorrer el camino, muchas veces complejo y sinuoso, de restablecer nuestro sistema nervioso de los impactos del trauma. Y, así como un gran entrenador deportivo cambia y adapta de forma constante su enfoque en función de las necesidades de su atleta, lo mismo debe ocurrir en tu mundo interior.

En los últimos capítulos hemos hablado de la importancia de pedir ayuda, y de la necesidad de establecer y mantener límites apropiados con los demás. Ambas habilidades tienen la misma importancia en el panorama interior de nuestra relación con nosotros mismos. A veces necesitamos ponernos un límite claro y firme y abandonar un hábito o comportamiento que no nos ayuda ni nos sostiene. Otras veces necesitamos mayor apoyo, cuidado y ser más amables con nosotros mismos.

Cuando estoy en el proceso de formar practicantes en nuestro programa de Therapeutic Coaching®, llamo a esto terapia de *aplicar presión* y de *reducir presión*. Me refiero, respectivamente, a cuando es momento de apremiar más al cliente para impulsar su cambio, y a cuando necesitamos relajar la presión cuando aquel se está esforzando demasiado y, como resultado, las cosas se inmovilizan. Saber qué se necesita y cómo lograrlo es parte del conjunto de habilidades del terapeuta.

A medida que mejora nuestra relación con nosotros mismos y, a la vez, nuestra autoconciencia, respondemos mejor a nuestras necesidades con habilidad y sensibilidad. Si notas que la forma de relacionarte contigo mismo no te brinda todo el apoyo y el empoderamiento que podría, te sugiero que vuelvas a revisar el capítulo 14 («Transforma a tu crítico interno»).

Si tiendes a ser demasiado duro contigo mismo, entonces será útil aprender a defenderte de tu crítico interno y suavizar tu mundo interior. Un efecto desafortunado de ser crueles con nosotros mismos es que con frecuencia nos quedamos sin poder y somos incapaces de comprometernos a seguir adelante. Es como preguntarse ¿qué sentido tiene intentarlo si la historia que nos contamos es que somos inútiles y estamos destinados a fracasar?

Encontrar un punto de equilibrio

Así como un niño pequeño requiere límites amorosos pero firmes para ayudar a moldear su comportamiento de manera útil y constructiva, también necesitamos lo mismo como adultos y, a veces, esto implica guiarnos a nosotros mismos para seguir adelante con aquello que tal vez no nos resulte fácil o cómodo en el corto plazo. Así como estamos aprendiendo a establecer límites frente a los demás, también lo estamos haciendo con nosotros en nuestro mundo interior.

La autodisciplina es un músculo que se fortalece por medio de la práctica: mientras más nos comprometamos a hacer con consistencia lo necesario para cambiar, más fácil nos resultará. Y siempre que lo hagamos con inteligencia y habilidad, cuanto más superemos nuestros límites, más se expandirán.

De hecho, esa puede ser la verdadera práctica con la que necesitamos comprometernos. Por ejemplo, cuando trabajo con personas con enfermedades crónicas, numerosas veces descubro que han aprendido que solo necesitan esforzarse más; pero el problema es que ya están esforzándose demasiado y lo que requieren es bajar el ritmo, descansar y ser más amables consigo mismos.

¿Recuerdas las cualidades de los límites sanos con los demás que exploramos en el capítulo previo? Son esas mismas cualidades las que necesitamos aplicar con nosotros mismos. Nuestros límites deben ser lo suficientemente sólidos, pero también deben ser inteligentes. Necesitan ser amorosos y responsables, pero también deben empoderarnos.

Ahora bien, si has pasado toda tu vida sin límites saludables, puede llevarte tiempo encontrar un lugar de equilibrio. Por ejemplo, si estás acostumbrado a ser demasiado duro contigo mismo y a esforzarte constantemente, tal vez necesites pasar por un periodo en el que intencionalmente seas amable y flexible contigo.

El desafío es que no sabrás cómo se siente un punto de equilibrio hasta que lo alcances. Por ello es posible que en el camino seas muy dócil y no sigas adelante, y eso está bien. Es un pequeño precio por pagar en tu importante búsqueda deliberada de un mayor equilibrio y de límites internos sostenibles contigo mismo.

¿«Qué tal si» las cosas salen mal?

¡Ahora es el momento de hablar de la inevitabilidad de que las cosas salgan mal! No digo esto para ser negativo sino como la voz de la realidad. Lo más difícil cuando se trata de crear un cambio en nuestro mundo interior no es empezar (aunque eso puede ser difícil), sino empezar una y otra vez cada que las situaciones se desvían.

Dado que estás leyendo un libro sobre el trauma, supongo que has tenido algunas experiencias complejas y confusas a lo largo de tu vida. Esto significa, entonces, que es probable que tu viaje de sanación no se desarrolle en una línea recta. Vas a probar diferentes estrategias y, aunque algunas te ayudarán, otras no lo harán. Además, hay probabilidades de que esto también se aplique a ciertos elementos del enfoque que has estado aprendiendo en este libro.

El problema no es que, a lo largo del camino, muchas veces descubrirás que te desviaste de la ruta, sino que interpretes el desvío como un fracaso, cuando en realidad es una retroalimentación. Sin embargo, si vas con los ojos abiertos, podrás estar preparado y listo para afrontar los golpes.

Además, si algo he aprendido desde mi perspectiva clínica y especialización en enfermedades crónicas complejas durante las últimas dos décadas, es que a menudo, cuando las cosas se desvían, dentro del porqué de la desviación hay una pepita de oro de información capaz de impulsar el siguiente paso adelante.

Por ejemplo, hay un patrón común que vemos en las personas que recaen en el proceso de recuperación de la fatiga crónica: intentan esforzarse para lograr demasiado, con excesiva velocidad y no escuchan a su cuerpo. Por lo tanto, deben priorizar la desaceleración y comprobar cómo se sienten, en lugar de dejar que su patrón de triunfador se haga cargo.

Es más, cuando las situaciones se desvían y lo reconocemos a la vez que evitamos demasiada acción de nuestro crítico interno y, en cambio, regresamos nuestra energía a las prácticas con las que nos comprometimos, entonces estaremos aumentando nuestra autodisciplina. Además, si somos capaces de retomar el rumbo, después de haber realizado algunos ajustes en nuestro nuevo plan en función de lo que hemos aprendido, cada vez estaremos un paso más cerca de nuestro objetivo final.

Por lo tanto, por favor, avanza hacia la siguiente etapa de tu trabajo de sanación sabiendo que muchas veces te alejarás del camino. Desviarse no es el problema; pero darse por vencido cuando te ocurre, sí lo es. Aunque rendirse durante una hora o incluso unos días puede ser una forma útil de aliviar la presión algunas veces, asegúrate de evitar que esto se convierta en tu norma.

Cuando te desvíes del camino, regresa a este capítulo y a tu práctica curativa diaria. Si empiezas por volver a ser disciplinado con tus ejercicios y herramientas diarios, te sorprenderá el impacto que tiene.

Las recompensas del compromiso

Para concluir este capítulo, volvamos a la historia de David. Desarrollar una nueva forma de relacionarse consigo mismo fue fundamental para el cambio duradero que estaba tan decidido a crear, y lo primero a lo que se comprometió fue a practicar la meditación diaria. Durante la meditación, notó algunos cambios sutiles pero reales en su ansiedad y una estabilización de su estado de ánimo. También se dio cuenta de que no le era viable meditar solo cuando sentía ganas de hacerlo: tenía que ser una práctica diaria. Además, lo que más necesitaba era mantener un límite firme consigo mismo aquellos días en que no quería meditar.

David y yo también hicimos un trabajo significativo sobre su crítico interno. Una vez más, se dio cuenta de que algunos de los ejercicios que hacía conmigo en el consultorio no serían suficientes, y necesitaba comprometerse a enfrentar continuamente a su crítico interno. Una vez más, lo hizo, y eso ayudó. A medida que avanzábamos en el trabajo emocional, volvió a ocurrir lo mismo: tuvo que comprometerse a incorporar el nuevo hábito.

El resultado fue que, en un año, David había salido de una situación tóxica de su vida y se había mudado a un lugar donde en verdad se sentía como en casa. Su siguiente paso fue tomar una dirección diferente en su carrera. Encontró un nuevo trabajo gratificante y desafiante, entre varios que le ofrecieron. A medida que mejoraban las situaciones en su vida, David no dejó de hacer las prácticas que lo ayudaban a lograr eso; en cambio, continuó modificándolas y ajustándolas de la manera que mejor lo respaldaran.

El último desafío de David fue comprometerse a encontrar una nueva pareja, un área que le había resultado en particular aterradora. Durante varias sesiones, lo convencí y lo desafié a que se esforzara y, con el apoyo del trabajo interno que hacía y el impulso de los cambios que ya había realizado, desarrolló la valentía necesaria para hacerlo. Al terminar de filmar las sesiones, David se estaba embarcando en una nueva relación por primera vez en años.

Mientras reflexionas sobre tus siguientes pasos a partir de los principios, las herramientas y los ejercicios de este libro, quiero desearte el mismo éxito que tuvo David con ellos, ¡porque te lo mereces! Sin embargo, son las acciones que te comprometes a realizar a diario las que en última instancia determinarán lo que sucede. Y, para mostrarte cuán poderoso es este trabajo, terminaré compartiendo la historia, quizá, más desafiante que he enfrentado en la sanación de mi propio trauma.

CAPÍTULO 18

Decide lo que tu trauma significa

Siempre me ha parecido que conducir es una buena estrategia para relajarme y soltar la tensión. Hay algo meditativo en una carretera que se pierde en el horizonte, en el sentido de que requiere cierta concentración para mantenernos seguros pero, al mismo tiempo, nos permite soñar despiertos. También me gusta escuchar música a todo volumen, y qué mejor momento para hacerlo que mientras manejo sin nadie al lado que me moleste. Sin embargo, durante un viaje en auto en particular, mi mente estaba lejos de relajarse. Yo no tenía idea de lo que mi lugar de destino me deparaba, pero sí sabía *quién* me esperaba: mi padre.

Unos meses antes, ante el inminente nacimiento de nuestra segunda hija, le había dicho a Tania:

—Siento que me falta una parte del alma. No conozco a la persona de quien proviene la mitad de mi ser. Solo quiero tener la experiencia de sentarme en presencia de mi padre.

Ya había intentado encontrarlo una vez, cuando tenía poco más de 20 años, pero cuando mi búsqueda llegó a un callejón sin salida, me di por vencido. Una parte de mí también sabía que no era el momento adecuado y que no estaba preparado. Pero ahora, después de haber hecho una cantidad significativa de trabajo interior y haber construido mi propia familia estable y amorosa, sentí, por un lado, que era lo suficientemente fuerte y, por el otro, que tenía el apoyo suficiente para afrontar lo que fuera que encontrara. Y, dado que mi padre no sería un hombre joven, no podía esperar para siempre si quería respuestas sobre los orígenes de gran parte de mi trauma.

El camino se abre

De modo sorprendente, no tardé en encontrar la dirección donde vivía mi padre. La noche de mi descubrimiento, tuve que valerme de cada centímetro de mi autocontrol para no subirme directo al coche y conducir por un par de horas hasta su casa.

Como puedes imaginar, tenía emociones encontradas. El niño dentro de mí todavía ansiaba ser abrazado por su padre; el adolescente en mí quería asesinarlo; y el joven adulto quería, más que nada, entender por qué. Por como ya era entonces, solo quería tener la experiencia de sentarme en su presencia. Cualquier otra cosa sería un regalo.

A pesar de la intensidad de mis sentimientos, había trabajado lo suficiente para procesar mi odio y mi ira, por lo que ya no necesitaba arrojárselos; era extremadamente importante para mí actuar con gracia y cuidado, más allá de lo que él hubiera hecho en el pasado.

Después de hablar con algunas personas cercanas a mí, decidí que el mejor paso a seguir era pedirles a dos viejos amigos de mis padres que fueran a la casa de mi padre en mi nombre. Ninguno de los dos había estado en contacto con él en más de treinta años, pero me parecía un acercamiento inicial más sutil para ambos. Le preguntarían si le gustaría encontrarse conmigo; aunque yo sospechaba que si respondía que no, yo mismo habría ido de todos modos. Sentí que él no tenía el derecho de rechazar de nuevo al niño dentro de mí.

Los viejos amigos de mi padre habían viajado hasta donde él vivía y, después de muchas horas de espera, lo habían encontrado a altas horas de la noche, cuando regresaba de orar en la iglesia local. Después, él y yo hablamos por teléfono durante unos minutos y lo primero que me preguntó fue:

—¿Eres religioso, hijo?

Respondí que no seguía una religión formal, pero que mis creencias espirituales eran muy importantes para mí. Más tarde descubrí que se estaba formando como sacerdote con la esperanza de trabajar con moribundos.

Ese día, mientras conducía hacia la casa de mi padre, reflexioné sobre nuestra breve conversación. No tenía idea de cómo me sentiría cuando me encontrara frente a frente con él, pero había hecho un pacto conmigo mismo: pasara lo que pasara, iba a ser fiel a mí mismo. No iba a rehuir las conversaciones difíciles, y si íbamos a establecer algún tipo de relación, quería que fuera basada en la verdad y la honestidad, por muy incómodo que resultara.

El regalo del «perdón»

Antes de darme cuenta, estaba estacionado afuera del pequeño búngalo de mi padre en una finca municipal en la ciudad de Canterbury, cerca del puerto de Dover, en Inglaterra. Mientras caminaba hacia su puerta, él salió de la casa para recibirme y nos abrazamos en la entrada. Al principio, me paralicé un poco y no me impactó en toda su dimensión la enormidad del momento. Pero en poco tiempo ya estábamos adentro, hablando y sentados.

Por supuesto, mi padre tenía su versión de los hechos, la cual lo presentaba, en gran medida, como la víctima. Pero, dado lo que yo sabía de mi madre y de sus acciones y su divorcio por su crueldad mental, no me lo creía del todo. Noté que empezó a reconocer esto y empezó a cambiar de actitud. Después de un tiempo, me miró con una expresión de profundo e intenso arrepentimiento en sus ojos, y me dijo algo que, sin saberlo, había esperado escuchar toda mi vida:

—Hijo, no es tu culpa. Lo lamento. Cometí un gravísimo error.

Cuando escuché las palabras, comencé a llorar. Más allá de todo lo demás, de alma a alma, supe que en ese momento él se arrepintió y que estaba reconociendo el impacto que sus acciones habían tenido en mí. No cambió el pasado, pero sí suavizó sus golpes. Después de muchas horas de hablar y pasar tiempo juntos, regresé con mi propia familia y al amoroso hogar que Tania y yo habíamos construido juntos.

Durante los meses siguientes, mi padre y yo nos reunimos periódicamente y trabajamos para construir una relación juntos. En cierto modo estábamos en una burbuja de felicidad, lo cual era profundamente nutritivo. Me conmovió en particular cuánto de mí mismo reconocí en los rasgos de mi padre. Aunque yo atribuía mi amabilidad y lealtad a mi madre, era claro que coincidía con el amor de mi padre por las historias y el interés en las preguntas más importantes de la vida.

Una dura verdad

No obstante, después de un tiempo, como ocurre con todas las lunas de miel, la realidad comenzó a filtrarse. Por mucho que quisiera ver lo mejor de mi padre, comencé a darme cuenta de que había más en él de lo aparente. Una noche, mientras cenábamos en uno de mis restaurantes de cortes favoritos en Londres, le pregunté de pasada cómo iba su formación sacerdotal. Me dijo que había renunciado y, cuando le pregunté por qué, dijo que se habían entrometido bastante al pedirle pruebas de sus antecedentes y que eso no le había gustado.

Para mí fue obvio que no quería que la Iglesia supiera sobre su encarcelamiento por fraude o que había quebrado dos veces. Pero, para mí, su negativa a revelarlo era una clara señal de que se estaba escondiendo de su pasado y renunciando a algo que, según él, le apasionaba. El problema era que, como dije antes, después de todos estos años, me había comprometido a ser honesto con mi padre. Y entonces le dije lo que pensaba.

Recuerdo mis palabras como si acabara de decirlas:

—La cuestión es, papá, que esto se parece a lo que nos hiciste a mí y a mi hermana hace tantos años. Te estás alejando de lo que dices que amas porque se está volviendo difícil. Si en realidad has cambiado y aprendido del pasado, no querrás repetir los errores, ¿o sí?

Papá parecía un poco desconcertado por esto, pero el enfoque de la conversación cambió pronto y pensé que eso era todo. Sin embargo, cuando nos despedimos en la estación de metro de Oxford Circus, en direcciones opuestas, sus palabras de despedida fueron:

—Gracias, hijo, por la carne, que estuvo casi tan cruda como la conversación.

Cuando digo «palabras de despedida», es en el sentido literal, porque esa fue la última conversación real que tuve con mi padre. Lo que había sido una avalancha habitual de correos electrónicos y llamadas telefónicas se detuvo de la noche a la mañana. Mi padre repitió, una vez más, lo que había hecho más de tres décadas antes: me olvidó.

Hacer el trabajo

En un inicio, justifiqué la falta de contacto de mi padre y tardé unos meses en ver qué ocurría realmente. Pero entonces caí en cuenta, como una bomba atómica, y sentí tanta ira y dolor que no hay palabras que puedan describirlos. Si digo que quería matarlo, no lo digo de modo metafórico; era literal, quería matarlo. Por primera vez en mi vida comprendí el impulso que puede llevarnos al asesinato.

Después de haber hecho mi propio trabajo interior durante años y como terapeuta especializado en tratar con traumas, supe que había llegado el momento de poner a prueba mis herramientas. Me puse a trabajar, en parte, por un verdadero desafío de no darle a mi padre el poder de volver a traumatizarme.

Primero pedí ayuda. Trabajé con mi terapeuta de inmediato, y hablé abierta y regularmente con Tania y varios de mis amigos más cercanos. Pero también fui muy cuidadoso y selectivo acerca de con quién hablaba; en particular, no hablé con aquellos que, pensé, era probable que tuvieran sus opiniones sobre mí. Necesitaba AYUDA, no que me juzgaran ni me dieran soluciones.

En la primera parte del libro hablamos sobre los ECOS del trauma y de cómo son causados por el hecho de que nuestras tres necesidades emocionales básicas (límites, seguridad y amor), no están en su lugar. Me esforcé para satisfacer las mías. En primer lugar, establecí algunos límites con los miembros de la familia cuyas opiniones no me eran útiles. A continuación, me comprometí a generar seguridad en mi sistema nervioso mediante mi práctica meditativa. Estar en una relación amorosa y compasiva también fue de gran ayuda; de cualquier forma, esperé por instinto a que esto estuviera estable antes de actuar.

Entonces llegó el momento de trabajar en el modelo RESET. En primer lugar, *reconocí* lo que estaba pasando. Sentí el aceleramiento de mi sistema nervioso y la desconexión con mis emociones, y me di cuenta de que esto no era beneficioso. A continuación, *examiné* lo que estaba pasando y pude ver que estaba adoptando mis patrones predeterminados de triunfador y ayudante al trabajar más duro y querer ganarme la validación a través de dar a los demás, en un intento por cambiar mis sentimientos.

También sabía que necesitaba hacer un ALTO en varios aspectos. Mi práctica de meditación me ayudó a sentirme firme en general, pero también estaba repitiendo muchos patrones mentales del tipo «¿Por qué me pasó esto?» y «¿Qué hice para merecer esto?». Así que trabajé duro para atrapar estos patrones y redirigir mi concentración y energía.

Después, llegó el momento de trabajar con mis *emociones*. Ya era bastante consciente de mis defensas emocionales de desconexión, evitación y distracción, y de racionalizar mis sentimientos. Esto me permitió acercarme a lo que en realidad sentía e indagar en mi verdad más profunda.

Tuve la suerte de seguir formando parte de un grupo de retiro que se reunía dos veces al año (del que hablé en el capítulo 1) y seguía trabajando regularmente con mi maestro Prakash. Unos meses después participé en un retiro, y no es difícil adivinar en qué me enfoqué. Pasé la semana yendo directo al corazón de mi dolor, tristeza y añoranza, permitiéndome sentir con plenitud mi ira y mi odio. Sin duda, me fue de gran ayuda sentirme validado por queridos amigos del grupo que conocían mi historia desde hacía muchos años y podían en verdad estar presentes y ser testigos de mí y mi experiencia.

Como parte del trabajo, también me aseguré de *transformar* a mi crítico interno y sus intentos por hacer comentarios continuos sobre mi experiencia. Esto no lo detuvo por completo, pero debilitó su poder para afectar la forma en que me sentía en el día a día. Se parecía a un disco rayado que sonaba de fondo, silenciosamente, lo cual era una molestia, pero no tanta.

Entonces, ¿cuál fue el impacto de todo esto? Bueno, fueron unos meses difíciles y aunque hacer el trabajo requirió un esfuerzo comprometido, a la vez me dio claridad. Me sentí más calmado y algo apesadumbrado hacia mi padre, pero mi odio y mi ira habían desaparecido. También sentí que mi niño interior había crecido y ya no miraba hacia afuera para satisfacer sus necesidades, lo cual era un regalo en sí mismo.

Al final, tuve una sensación de gratitud. Mi principal deseo había sido sentarme en presencia de mi padre, y tuve esa experiencia. Además, tuve la bendición de conocer a mis dos medios hermanos, mucho más jóvenes que yo; desde entonces, me he vuelto muy cercano a uno de ellos. En cierto modo me di cuenta de que, para él, haber crecido *con* nuestro padre había sido casi tan perjudicial como para mí haber crecido sin él.

En pocas palabras, eso me dolió, pero no sentí que había sufrido un trauma. Había sucedido una de las cosas más dolorosas que podía imaginar: mi padre me había abandonado por segunda vez y eso desencadenó mi herida más profunda. Y tuve la capacidad de responder de una manera que demostraba que no estaba traumatizado.

Completar mi sanación

Vi a mi padre dos veces más en los años siguientes, pero mantuve un límite deliberado y firme. Cada ocasión fue, más que nada, para confirmar que no me hubiera quedado con algo que decirle y que estaba en paz con la situación, y así fue.

Luego, casi siete años exactos después del primer encuentro con mi padre, uno de mis medios hermanos me dio la noticia de que había muerto por un infarto. Estaba solo cuando sucedió y no lo habían encontrado en varios días. También había muerto sin un centavo y mi regalo de despedida para él fue pagar las flores de su funeral.

Debido a las restricciones por el COVID-19 que había en el Reino Unido en ese momento, los funerales estaban limitados a treinta personas, pero en el de mi padre había menos de veinte. Agradecía tener una oportunidad de cierre; si bien todavía sentía algo de tristeza por mi niño pequeño interior, también sentí que mi sanación estaba completa. Mientras mis medios hermanos hablaban con elegancia y amor de su tiempo con nuestro padre, yo reflexionaba.

Por supuesto, sería injusto comparar las decisiones de mi padre con las mías. Yo no había vivido su vida y era probable que él hubiera tenido sus propias dificultades internas, junto con algunos posibles problemas de salud mental no diagnosticados. Y, sin embargo, no podía evitar pensar en los significados que le damos a la vida, las elecciones en las que estos influyen y en lo diferente que había sido la vida de mi padre de la mía.

A lo largo de mi vida, le había dado muchos significados inconscientes al abandono de mi padre. Por nombrar algunos, había decidido que yo no era digno de ser amado, que tenía que asumir la responsabilidad de los sentimientos de los demás y que no se podía confiar en las personas.

Como vimos en el capítulo 6, donde hablamos de los resultados de nuestro trauma, todos estos significados tenían un precio y, como consecuencia, una serie de opciones de vida. Como he dicho numerosas veces, no son los eventos traumáticos los que nos causan el mayor sufrimiento, sino lo que sucede en nuestro sistema nervioso y las elecciones de vida por las que optamos como respuesta.

Sentado durante el funeral de mi padre, con Tania apretando con suavidad mi mano, pensé profundamente en lo que al final quería que significara mi relación con mi padre. Las respuestas que recibí fueron claras y simples: me involucraría a fondo con la vida cuando me pareciera difícil; defendería aquello en lo que creía; y amaría a mi esposa y a mis hijas con una ferocidad y una apertura de corazón que no pudiera ser destruido con nada.

Elige un significado empoderante

A medida que llegamos al final de nuestro viaje juntos, quiero hacerte una última pregunta: ¿qué significado eliges darle a tu trauma? Si no le das un significado consciente a tu trauma, en definitiva, lo harás inconscientemente, y el precio que pagarás por ese significado será significativo.

Puedes elegir creer que el trauma te sucedió a ti y que eres una víctima. Y en cierto nivel, puedes estar en lo correcto. Pero también puedes optar por creer que el viaje te ha brindado regalos y tesoros que le dan un significado distinto.

Elegir un significado positivo para tu trauma no quiere decir que los perpetradores deban escapar de la justicia apropiada, o que no puedas tener límites firmes y poderosos con ellos en el futuro. Pero, como me dijo una vez uno de mis maestros, «el odio es como tragar veneno y esperar que la otra persona muera».

Ahora bien, para encarnar plenamente el significado que le das a tu trauma, por supuesto, necesitas trabajar en tu sanación. Si hay algo que he intentado transmitir en este libro es que no puedes pasar por alto o ignorar tu verdad emocional. Si tienes ira y odio, permítete sentirlos y digerirlos.

Finalmente, cuando todo está dicho y hecho, nos queda una elección: ¿qué significa todo esto? Rezo para que elijas un significado que te permita vivir con mayor plenitud, así como dar más de tus dones y tu potencial al resto. Con los desafíos globales que enfrentamos, ahora más que nunca, el mundo necesita esto de todos nosotros.

Notas

Capítulo 3. Descubre tus eventos traumáticos

1. Felitti, V. J. *et al.* (1998), «Relationship of childhood abuse and household dysfunction to many of the leading causes of death in adults», *American Journal of Preventive Medicine*, 14(4): 245-258.
2. Agorastos, A. *et al.* (2019), «Developmental trajectories of early life stress and trauma: A narrative review on neurobiological aspects beyond stress system dysregulation», *Frontiers in Psychiatry*, 10:118.
3. Anda, R. F. *et al.* (2006), «The enduring effects of abuse and related adverse experiences in childhood: A convergence of evidence from neurobiology and epidemiology», *European Archives of Psychiatry and Clinical Neuroscience*, 256(3): 174-186.
4. Barnes, A. J. *et al.* (2020), «Identifying adverse childhood experiences in pediatrics to prevent chronic health conditions», *Pediatric Research*, 87(2): 362-370.

5. Bellis, M. A. *et al.* (2019), «Life course health consequences and associated annual costs of adverse childhood experiences across Europe and North America: A systematic review and meta-analysis», *The Lancet. Public Health*, 4(10): 517-528.
6. Finkelhor, D. *et al.* (2015), «A revised inventory of Adverse Childhood Experiences», *Child Abuse & Neglect*, 48: 13-21.
7. Barry, T. J. *et al.* (2018), «Meta-Analysis of the Association Between Autobiographical Memory Specificity and Exposure to Trauma», *Journal of Traumatic Stress*, 31(1): 35-46.
8. Chu, J. A. *et al.* (1999), «Memories of childhood abuse: Dissociation, amnesia, and corroboration», *The American Journal of Psychiatry*, 156(5): 749-755.
9. Crane, C. *et al.* (2014), «Childhood traumatic events and adolescent overgeneral autobiographical memory: Findings in a UK cohort», *Journal of Behavior Therapy and Experimental Psychiatry*, 45(3): 330-338.
10. Feurer, C. *et al.* (2018), «Episodic life stress and the development of overgeneral autobiographical memory to positive cues in youth», *Journal of Abnormal Child Psychology*, 46(8): 1563-1571.
11. Griffith, J. W. *et al.* (2016), «Effects of childhood abuse on overgeneral autobiographical memory in current major depressive disorder», *Cognitive Therapy and Research*, 40(6): 774-782.
12. Crane, C. *et al.* (2014), «Childhood traumatic events and adolescent overgeneral autobiographical memory: Findings in a UK cohort», *Journal of Behavior Therapy and Experimental Psychiatry*, 45(3): 330-338.
13. Feurer, C. *et al.* (2018), «Episodic life stress and the development of overgeneral autobiographical memory to positive cues in youth», *Journal of Abnormal Child Psychology*, 46(8): 1563-1571.

14. Griffith, J. W. *et al.* (2016), «Effects of childhood abuse on overgeneral autobiographical memory in current major depressive disorder», *Cognitive Therapy and Research*, 40(6): 774-782.
15. Schönfeld, S. y Ehlers, A. (2017), «Posttraumatic stress disorder and autobiographical memories in everyday life», *Clinical Psychological Science*, 5(2): 325-340.
16. Sumner, J. A. (2012), «The mechanisms underlying overgeneral autobiographical memory: An evaluative review of evidence for the CaR-FA-X model», *Clinical Psychology Review*, 32(1): 34-48.
17. Williams, J. M. G. *et al.* (2007), «Autobiographical memory specificity and emotional disorder», *Psychological Bulletin*, 133(1): 122-148.
18. Levine, P. A. (2020), *Trauma y memoria: Cerebro y cuerpo en busca del pasado vivo*. Eleftheria.
19. Brewin, C. R. (2021), «Tilting at Windmills: Why attacks on repression are misguided», *Perspectives on Psychological Science*, 16(2): 443-453.
20. Geraerts, E. *et al.* (2009), «Cognitive mechanisms underlying recovered-memory experiences of childhood sexual abuse», *Psychological Science*, 20(1): 92-98.
21. Mcnally, R. J. y Geraerts, E. (2009), «A new solution to the recovered memory debate», *Perspectives on Psychological Science*, 4(2): 126-134.
22. Otgaar, H. *et al.* (2019), «The return of the repressed: The persistent and problematic claims of long-forgotten trauma», *Perspectives on Psychological Science*, 14(6): 1072-1095.
23. Herlihy, J. *et al.* (2002), «Discrepancies in autobiographical memories–implications for the assessment of asylum seekers: repeated interviews study», *BMJ*, 324(7333): 324-327.
24. Ogle, C. M. *et al.* (2008), «Accuracy and specificity of autobiographical memory in childhood trauma victims: Developmental

considerations». En M. L. Howe, G. S. Goodman, y D. Cicchetti (eds.), *Stress, Trauma, and Children's Memory Development: Neurobiological, Cognitive, Clinical and Legal Perspectives*, Oxford: Oxford University Press: 171-203.

25. Ulatowska, J. y Sawicka, M. (2017), «Recovered memories in clinical practice–a research review», *Psychiatrica Polska*, 51(4): 609-618.
26. Chu, J. A. *et al.* (1999), «Memories of childhood abuse: Dissociation, amnesia, and corroboration», *The American Journal of Psychiatry*, 156(5): 749-755.
27. Bell, A. M. y Hellmann, J. K. (2019), «An integrative framework for understanding the mechanisms and multigenerational consequences of transgenerational plasticity», *Annual Review of Ecology, Evolution, and Systematics*, 50: 97-118.
28. Bridgett, D. J. *et al.* (2015), «Intergenerational transmission of self-regulation: A multidisciplinary review and integrative conceptual framework», *Psychological Bulletin*, 141(3): 602-654.
29. Dobkin, P. L. *et al.* (2011), «For whom may participation in a mindfulness-based stress reduction program be contraindicated?», *Mindfulness*, 3(1): 44-50.
30. Gapp, K. *et al.* (2014), «Implication of sperm RNAS in transgenerational inheritance of the effects of early trauma in mice», *Nature Neuroscience*, 17(5): 667-669.
31. Lê-Scherban, F. *et al.* (2018), «Intergenerational associations of parent adverse childhood experiences and child health outcomes», *Pediatrics*, 141(6).
32. Short, A. K. *et al.* (2016), «Elevated paternal glucocorticoid exposure alters the small noncoding RNA profile in sperm and modifies anxiety and depressive phenotypes in the offspring», *Translational Psychiatry*, 6(6).

33. Menakem, R. (2021), *My Grandmother's Hands: Racialized Trauma and the Pathway to Mending Our Hearts and Bodies*. Londres: Penguin Books Ltd.
34. Wolynn, M. (2018), *Este dolor no es mío*. Madrid: Gaia.
35. Hübl, T. (2020), *Sanar el trauma colectivo*, Madrid: Gaia.

Capítulo 4. El contexto lo es todo

1. Ciaunica, A. *et al.* (2021), «The "first prior": From co-embodiment to co-homeostasis in early life», *Consciousness and Cognition*, 91.
2. Graf, N. *et al.* (2022), «Neurobiology of parental regulation of the infant and its disruption by trauma within attachment», *Frontiers in Behavioral Neuroscience*, 16.
3. Porges, S. W. (2022), «Polyvagal Theory: A science of safety», *Frontiers in Integrative Neuroscience*, 16.
4. Townshend, K. y Caltabiano, N. J. (2019), «The extended nervous system: affect regulation, somatic and social change processes associated with mindful parenting», *BMC Psychology*, 7(1).
5. Azhari, A. *et al*, (2019), «Parenting stress undermines mother-child brain-to-brain synchrony: A hyperscanning study», *Scientific Reports*, 9(1).
6. Esposito, G. *et al.* (2017), «Response to infant cry in clinically depressed and non-depressed mothers», *PLoS ONE*, 12(1).
7. Ostlund, B. D. *et al.* (2017), «Shaping emotion regulation: attunement, symptomatology, and stress recovery within mother-infant dyads», *Developmental Psychobiology*, 59(1): 15-25.
8. Saxbe, D. *et al.* (2015), «Neural correlates of parent-child HPA axis coregulation», *Hormones and Behavior*, 75: 25-32.
9. Viaux-Savelon, S. *et al.* (2022), «Infant social withdrawal behavior: A key for adaptation in the face of relational adversity», *Frontiers in Psychology*, 13.

10. Hambrick, E. P. *et al.* (2019), «Timing of early-life stress and the development of brain-related capacities», *Frontiers in Behavioral Neuroscience*, 13.

11. Kumsta, R. *et al.* (2017), «HPA axis dysregulation in adult adoptees twenty years after severe institutional deprivation in childhood», *Psychoneuroendocrinology*, 86: 196-202.

12. Strathearn, L. *et al.* (2020), «Long-term cognitive, psychological, and health outcomes associated with child abuse and neglect», *Pediatrics*, 146(4).

13. Widom, C. S. *et al.* (2012), «A prospective investigation of physical health outcomes in abused and neglected children: New findings from a 30-year follow-up» *American Journal of Public Health*, 102(6): 1135-1144.

14. Beijers, R. *et al.* (2016), «An experimental study on mother-infant skin-to-skin contact in full-terms», *Infant Behavior & Development*, 43: 58-65.

15. Cascio, C. J. *et al.* (2019), «Social touch and human development», *Developmental Cognitive Neuroscience*, 35: 5-11.

16. Cooijmans, K. H. M. *et al.* (2022), «Daily mother-infant skin-to-skin contact and maternal mental health and postpartum healing: a randomized controlled trial», *Scientific Reports*, 12(1).

17. Fotopoulou, A. *et al.* (2022), «Affective regulation through touch: homeostatic and allostatic mechanisms», *Current Opinion in Behavioral Sciences*, 43: 80-87.

18. Morrison, I. (2016), «Keep calm and cuddle on: social touch as a stress buffer», *Adaptive Human Behavior and Physiology*, 2(4), 344-362.

19. Narvaez, D. *et al.* (2019), «The importance of early life touch for psychosocial and moral development», *Psicologia, Reflexão e Crítica: Revista Semestral Do Departamento de Psicologia Da UFRGS*, 32(1).

Capítulo 5. ¿Cómo está tu equilibrio homeostático?

1. Godoy, L. D. *et al.* (2018), «A comprehensive overview on stress neurobiology: Basic concepts and clinical implications», *Frontiers in Behavioral Neuroscience*, 12: 127.
2. Maté, G. (2020) *Cuando el cuerpo dice «no». La conexión entre el estrés y la enfermedad*. Madrid: Gaia.
3. Kinlein, S. A. *et al.* (2015), «Dysregulated hypothalamic-pituitary-adrenal axis function contributes to altered endocrine and neurobehavioral responses to acute stress», *Frontiers in Psychiatry*, 6: 31.
4. Porges, S. W. (2022), «Polyvagal theory: A science of safety», *Frontiers in Integrative Neuroscience*, 16.
5. Godbout, J. P. y Glaser, R. (2006), «Stress-Induced Immune Dysregulation: Implications for Wound Healing, Infectious Disease and Cancer», *Journal of Neuroimmune Pharmacology*, 1(4): 421-427.
6. Heim, C. *et al.* (2009), «Childhood trauma and risk for chronic fatigue syndrome: association with neuroendocrine dysfunction», *Archives of General Psychiatry*, 66(1): 72-80.
7. Kolacz, J. y Porges, S. W. (2018), «Chronic diffuse pain and functional gastrointestinal disorders after traumatic stress: pathophysiology through a polyvagal perspective», *Frontiers in Medicine*, 5: 145.
8. McManus, E. *et al.* (2021), «The effects of stress across the lifespan on the brain, cognition and mental health: A UK biobank study», *Neurobiology of Stress*, 18.
9. Morris, G. y Maes, M. (2014), «Oxidative and nitrosative stress and immune-inflammatory pathways in patients with myalgic Encephalomyelitis (ME)/Chronic Fatigue Syndrome (CFS)», *Current Neuropharmacology*, 12(2): 168-185.

10. Schakel, L. *et al.* (2019), «Effectiveness of stress-reducing interventions on the response to challenges to the immune system: A meta-analytic review», *Psychotherapy and Psychosomatics*, 88(5): 274-286.
11. Duan, H. *et al.* (2013), «Chronic stress exposure decreases the cortisol awakening response in healthy young men», *Stress: The International Journal on the Biology of Stress*, 16(6): 630-637.
12. Russell, A. L. *et al.* (2018), «Factors promoting vulnerability to dysregulated stress reactivity and stress-related disease», *Journal of Neuroendocrinology*, 30(10).
13. Gerritsen, L. *et al.* (2017), «HPA Axis Genes, and their interaction with childhood maltreatment, are related to cortisol Levels and stress-related phenotypes», *Neuropsychopharmacology*, 42(12): 2446-2455.
14. Kempke, S. *et al.* (2015), «Effects of early childhood trauma on Hypothalamic-Pituitary-Adrenal (HPA) axis function in patients with chronic fatigue syndrome», *Psychoneuroendocrinology*, 52: 14-21.
15. Kumsta, R. *et al.* (2017), «HPA axis dysregulation in adult adoptees twenty years after severe institutional deprivation in childhood», *Psychoneuroendocrinology*, 86: 196-202.
16. Shalev, I. *et al.* (2020), «Investigating the impact of early-life adversity on physiological, immune, and gene expression responses to acute stress: A pilot feasibility study», *PLoS ONE*, 15(4).
17. Afari, N. *et al.* (2014), «Psychological trauma and functional somatic syndromes: A systematic review and meta-Analysis», *Psychosomatic Medicine*, 76(1), 2-11.
18. Godbout, J. P. y Glaser, R. (2006), «Stress-induced immune dysregulation: Implications for wound healing, infectious disease and cancer», *Journal of Neuroimmune Pharmacology*, 1(4): 421-427.

19. Morris, G. *et al.* (2019), «Myalgic encephalomyelitis or chronic fatigue syndrome: how could the illness develop?», *Metabolic Brain Disease*, 34(2): 385-415.
20. Naviaux, R. K. (2014), «Metabolic features of the cell danger response», *Mitochondrion*, 16: 7-17.

Capítulo 6. Los resultados de tu trauma

1. Cosgrove, L. y Wheeler, E. E. (2013), «Industry's colonization of psychiatry: Ethical and practical implications of financial conflicts of interest in the DSM-V», 23(1): 93-106.
2. Frances, A. (2013), «The new crisis in confidence in psychiatric diagnosis», *Annals of Internal Medicine*, 159(3): 221-222.
3. Bredström, A. (2017), «Culture and context in mental health diagnosing: Scrutinizing the DSM-V revision», *Journal of Medical Humanities*, 40(3): 347-363.
4. Ussher, J. M. (2013), «Diagnosing difficult women and pathologising femininity: Gender bias in psychiatric nosology», *Feminism and Psychology*, 23(1): 63-69.
5. Davies, J. (2014). *Cracked: Why Psychiatry is Doing More Harm than Good.* Londres: Icon Books.
6. Achenbach, J. *et al.* (2019), «Childhood traumatization is associated with differences in TRPA1 promoter methylation in female patients with multisomatoform disorder with pain as the leading bodily symptom», *Clinical Epigenetics*, 11(1).
7. Brown, R. C. *et al.* (2018), «Associations of adverse childhood experiences and bullying on physical pain in the general population of Germany», *Journal of Pain Research*, 11: 3099-3108.
8. Kascakova, N. *et al.* (2020), «The unholy trinity: Childhood trauma, adulthood anxiety, and long-term pain», *International Journal of Environmental Research and Public Health*, 17(2).

9. Kolacz, J. y Porges, S. W. (2018), «Chronic diffuse pain and functional gastrointestinal disorders after traumatic stress: pathophysiology through a polyvagal perspective», *Frontiers in Medicine*, 5: 145.
10. Yeung, E. W. *et al.* (2016), «Cortisol profile mediates the relation between childhood neglect and pain and emotional symptoms among patients with fibromyalgia», *Annals of Behavioral Medicine*, 50(1): 87-97.
11. Lipton, B. (2024), *La biología de la creencia*. Madrid: Gaia.
12. Cowan, N. (2001), «The magical number 4 in short-term memory: a reconsideration of mental storage capacity», *The Behavioral and Brain Sciences*, 24(1): 87-114.
13. Cowan, N. (2015), «George Miller's magical number of immediate memory in retrospect: Observations on the faltering progression of science», *Psychological Review*, 122(3): 536-541.
14. Encyclopedia Britannica, «Information theory», www.britan nica.com/science/ information-theory/Physiology [Visitado el 30 de agosto de 2022].
15. Hilbert, M. (2012), «Toward a synthesis of cognitive biases: How noisy information processing can bias human decision making», *Psychological Bulletin*, 138(2): 211-237.
16. Lieder, F. *et al.* (2018), «Over-representation of extreme events in decision-making reflects rational use of cognitive resources», *Psychological Review*, 125(1): 1-32.
17. Santos, L. R. y Rosati, A. G. (2015), «The evolutionary roots of human decision making», *Annual Review of Psychology*, 66: 321-347.

Capítulo 7: Reconoce en qué estado se encuentra tu sistema nervioso

1. Van der Kolk, B. (2020), *El cuerpo lleva la cuenta*. Madrid: Eleftheria.

Capítulo 9: Deja de correr y empieza a sentir

1. Bridgett, D. J., *et al.* (2015), «Intergenerational transmission of self-regulation: A multidisciplinary review and integrative conceptual framework», *Psychological Bulletin*, 141(3): 602-654.
2. Townshend, K. y Caltabiano, N. J. (2019), «The extended nervous system: affect regulation, somatic and social change processes associated with mindful parenting», *BMC Psychology*, 7(1).
3. Graf, N. *et al.* (2022), «Neurobiology of parental regulation of the infant and its disruption by trauma within attachment», *Frontiers in Behavioral Neuroscience*, 16.
4. Saxbe, D. *et al.* (2015), «Neural correlates of parent-child HPA axis coregulation», *Hormones and Behavior*, 75: 25-32.
5. Vink, M. *et al.* (2020), «Towards an integrated account of the development of selfregulation from a neurocognitive perspective: A framework for current and future longitudinal multi-modal investigations», *Developmental Cognitive Neuroscience*, 45.
6. Azhari, A. *et al.* (2019), «Parenting stress undermines mother-child brain-to-brain synchrony: A hyperscanning study», *Scientific Reports*, 9(1).
7. Cashman, K. D. (2007), Vitamin D in childhood and adolescence», *Postgraduate Medical Journal*, 83(978): 230-235.
8. Esposito, G. *et al.* (2017), «Response to infant cry in clinically depressed and non-depressed mothers», *PLoS ONE*, 12(1).

9. Kumsta, R. *et al.* (2017), «HPA axis dysregulation in adult adoptees twenty years after severe institutional deprivation in childhood», *Psychoneuroendocrinology*, 86: 196-202.
10. Ostlund, B. D. *et al.* (2017), «Shaping emotion regulation: attunement, symptomatology, and stress recovery within mother-infant dyads», *Developmental Psychobiology*, 59(1): 15-25.
11. Sanders, M. R. y Hall, S. L. (2018), «Trauma-informed care in the newborn intensive care unit: promoting safety, security and connectedness», *Journal of Perinatology*, 38(1): 3-10.
12. Black, D. S. y Slavich, G. M. (2016), «Mindfulness meditation and the immune system: A systematic review of randomized controlled trials», *Annals of the New York Academy of Sciences*, 1373(1): 13-24.
13. Creswell, J. D. *et al.* (2019), «Mindfulness training and physical health: Mechanisms and outcomes», *Psychosomatic Medicine*, 81(3): 224-232.
14. Pascoe, M. C. *et al.* (2021), «Psychobiological mechanisms underlying the mood benefits of meditation: A narrative review», *Comprehensive Psychoneuroendocrinology*, 6.
15. Schlechta Portella, C. F. *et al.* (2021), «Meditation: Evidence map of systematic reviews», *Frontiers in Public Health*, 9.
16. Zhang, D. *et al.* (2021), «Mindfulness-based interventions: An overall review», *British Medical Bulletin*, 138(1): 41-57.
17. Zhu, L. *et al.* (2021), «Mind-Body Exercises for PTSD Symptoms, Depression, and Anxiety in Patients With PTSD: A Systematic Review and Meta-Analysis», *Frontiers in Psychology*, 12.
18. Burrows, L. (2015), «Safeguarding mindfulness meditation for vulnerable college students», *Mindfulness*, 7(1): 284-285.
19. Dobkin, P. L. *et al.* (2011), «For whom may participation in a mindfulness-based stress reduction program be contraindicated?» *Mindfulness*, 3(1): 44-50.

20. Zhu, J. *et al.* (2019), «Trauma- and stressor-related history and symptoms predict distress experienced during a brief mindfulness meditation sitting: Moving toward trauma-informed care in mindfulness-based therapy», *Mindfulness*, 10(10): 1985-1996.
21. Kelly, A. y Garland, E. L. (2016), «Trauma-informed mindfulness-based stress reduction for female survivors of interpersonal violence: Results from a stage I RCT», *Journal of Clinical Psychology*, 72(4): 311-328.
22. Chen, L. *et al.* (2015), «Eye movement desensitization and reprocessing versus cognitive-behavioral therapy for adult posttraumatic stress disorder: Systematic review and meta-analysis», *The Journal of Nervous and Mental Disease*, 203(6): 443-451.
23. Church, D. *et al.* (2018), «Guidelines for the treatment of PTSD using clinical EFT (Emotional Freedom Techniques)», *Healthcare*, 6(4).
24. Khan, A. M., *et al.* (2018), «Cognitive behavioral Therapy versus eye movement desensitization and reprocessing in patients with post-traumatic stress disorder: Systematic review and meta-analysis of randomized clinical trials», *Cureus*, 10(9).

Capítulo 10: Ponle un ALTO a tus comportamientos inútiles

1. Albert, P. R. (2019), «Adult neuroplasticity: A new "cure" for major depression?», *Journal of Psychiatry & Neuroscience*, 44(3): 147-150.
2. Phillips, C. (2017), «Lifestyle modulators of neuroplasticity: How physical activity, mental engagement, and diet promote cognitive health during aging», *Neural Plasticity*, vol. 2017.
3. Bartol, T. M., *et al.* (2015), «Nanoconnectomic upper bound on the variability of synaptic plasticity», *eLife*, 4.

Capítulo 16: Construye mejores límites (el poder del no)

1. Johnson, S. (2019), *Abrázame fuerte. Siete conversaciones para lograr un amor de por vida*. Barcelona: Alba.
2. Wolynn, M. (2018), *Este dolor no es mío*. Madrid: Gaia.

Capítulo 17: Comprométete con tu sanación

1. Fleury, M. J. *et al.* (2014), «Determinants and patterns of service utilization and recourse to professionals for mental health reasons», *BMC Health Services Research*, 14(1).
2. Gonzalez, J. M. *et al.* (2005), «How do attitudes toward mental health treatment vary by age, gender, and ethnicity/race in young adults?», *Journal of Community Psychology*, 33(5): 611-629.
3. Nam, S. K. *et al.* (2010), «A meta-analysis of gender differences in attitudes toward seeking professional psychological help», *Journal of American College Health*, 59(2): 110-116.

Agradecimientos

La parte más difícil de escribir este libro no fue el proceso de escritura en sí, sino los muchos años de dificultades personales y de vivir el contenido en mi propia vida para comprenderlo de verdad. La lista de personas que me impactaron o influyeron a lo largo del viaje es inmensa y llenaría un libro entero, así que, a aquellos de ustedes con quienes practiqué, indagué, reí, lloré y aprendí, gracias desde el fondo de mi corazón.

Este libro tampoco habría sido posible sin el increíble trabajo de los más de ochenta miembros del equipo en las distintas empresas del Grupo Alex Howard. Desde los equipos de profesionales de The Optimum Health Clinic hasta los grupos de producción de Conscious Life y todos los demás, es su compromiso con la excelencia lo que me inspira todos los días y me ayuda a crecer y perfeccionar mis propios conocimientos, muchos de los cuales han encontrado su camino en este libro.

En particular, quiero agradecer a mi querida amiga Anna Duschinsky, tanto por su amistad como por ayudarme a darle forma y desarrollar el modelo de Therapeutic Coaching® durante los últimos veinte años. Enseñar juntos en nuestras residencias de formación profesional es siempre un aspecto destacable cada año.

También quiero agradecer al núcleo de mi equipo de apoyo, formado por Anna Kittow, Grace Allen y Gemma Dent, quienes ayudan a que los pilares centrales de la organización florezcan día a día, y quienes soportaron mis interminables mensajes de voz, ¡respondiendo siempre a ellas con una sonrisa y una actitud positiva!

Gracias a mi directora editorial en Hay House, Helen Rochester, por creer tan plenamente en el libro y por no soltarme sino hasta que conseguimos el título correcto, ¡a pesar del trabajo extra que implicó para todos nosotros! Inmensas gracias a mi editora, Debra Wolter, por su paciente y diligente trabajo para darle forma a mis escritos. ¡Suenan como yo, pero mejor!

Un gran agradecimiento también a Sarah Benjamins, mi investigadora, quien revisó con minuciosidad mis diversos borradores para asegurarse de que representaran adecuadamente la ciencia, y quien me hizo algunas excelentes sugerencias a lo largo del camino para fortalecer mis posiciones. ¡Perdón por todas las noches que trabajamos hasta tarde!

Finalmente, gracias a mi esposa Tania, por su infinita paciencia. Gran parte de la lucidez de mi pensamiento proviene de nuestras reflexiones sobre cómo podemos intentar romper los ciclos de trauma con nuestras hijas, Marli, Ariella y Lyra. Es verdad que no siempre lo hacemos bien, pero espero que la profundidad de nuestros intentos sea un reflejo de cuán profundo las amamos, chicas.